à vos fils

# Mes modèles de couture
## pour les enfants de 2 à 10 ans

*3e édition*

Sophie de Luzan

CreaPassions.com

dans la même collection À vos fils

Éditrice : Emmanuelle PROT

Tél. : 06 14 19 44 21 / Email : eprot@creapassions.com

Maquette :

Réalisation : EDE Creative Studio



ISBN 978-2-8141-0411-2

Creapassions.com

148 rue de l'Université

75007 Paris

www.creapassions.com

# Sommaire

# Découvrez des modèles indémodables

Et si vous réalisiez vous-même la garde-robe de vos enfants ?

Vous trouverez dans cet ouvrage des patrons pour réaliser les modèles de base. À la fois simples à réaliser pour les mamans pressées, ils sont aussi parfaits à porter au quotidien pour les enfants.

À votre tour de transformer ces modèles « pratiques et chics », aux inspirations classiques, en pièces uniques ; de choisir vos matières, d'assortir vos tissus, d'ajouter vos détails, de prendre plaisir à coudre et à imaginer vos vêtements.

Décontractés ou plus apprêtés, les modèles pourront aussi bien être portés à l'école que pour les activités du week-end, ou encore pour les fêtes, les cérémonies de mariage...

## À savoir

Ce sont toujours les formes sobres et classiques qui sont remises au goût du jour. Indémodables, elles traversent les époques et les saisons avec autant de succès. Elles s'assortissent facilement, s'adaptent à la vie moderne, se marient à tous les styles.

# À l'école

## À savoir

Pour une garde-robe pratique et basique, préférez des matières solides, faciles à entretenir et qui sèchent rapidement.

# Tunique à plastron, Campanule

## Fournitures

3 boutons

4 cm x 45 cm de biais pour l'encolure

150 cm, 155 cm, 160 cm, 170 cm, 180 cm de croquet selon la taille

28 cm, 30 cm, 32 cm, 34 cm, 36 cm d'élastique de 0,5 cm de large selon la taille

## Métrage :

85 cm, 90 cm, 100 cm, 110 cm, 120 cm x 120 - 140 cm de tissu selon la taille

## Patron :

Le patron comprend 6 pièces : 2 demi-plastrons devant, 1 devant, 1 dos, 2 manches.

**Patron planche 1**

**Difficulté :** ★ ★ assez facile

Une tunique ample pour être à l'aise dans ses mouvements.

## Comment faire :

**1.** Surfilez le milieu de chaque demi-plastron. Pliez au fer à 1 cm puis à 2 cm. Superposez le demi-plastron droit et le demi-plastron gauche en faisant correspondre la ligne du milieu devant. Maintenez par quelques points sur le bas de la patte de boutonnage. Sur l'endroit du plastron, maintenez le croquet par une couture à 1 cm du bord.

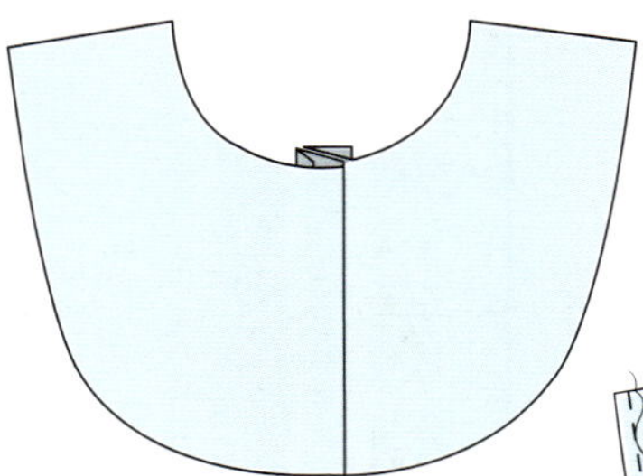

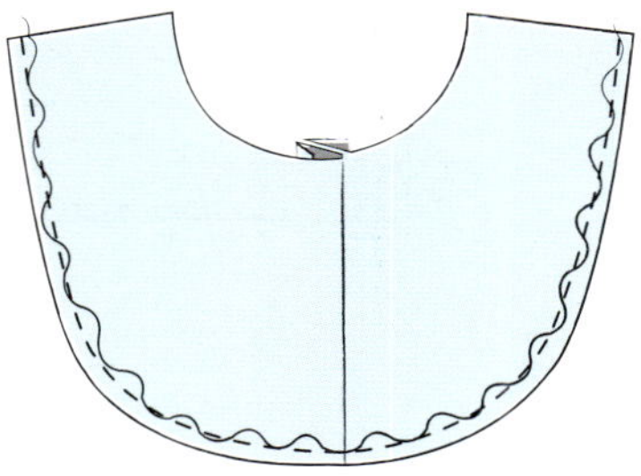

**2.** Passez un fil de fronces sur le devant de la tunique entre les deux points A. Posez, endroit contre endroit, le plastron sur le devant de la tunique. Répartissez les fronces sur 5 cm au niveau du milieu du devant. Repiquez sur la couture précédente. Surfilez les coutures ensemble. Repassez les coutures vers l'intérieur. Surpiquez sur l'endroit à 0,1 cm de la couture.

**3.** Assemblez le dos au devant par les coutures d'épaules, endroit contre endroit. Surfilez les coutures ensemble. Repassez les coutures vers l'arrière.

**4.** Formez le biais : pliez le biais en deux dans le sens de la longueur. Repassez. Ouvrez. Rabattez un côté vers l'intérieur au niveau de la pliure. Repassez de nouveau.

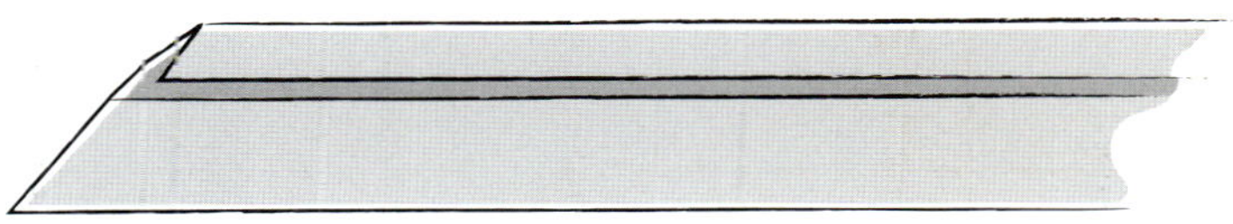

# Tunique à plastron, Campanule

**5.** Posez le biais sur l'encolure en ne laissant dépasser que 1 cm de chaque côté. Piquez. Retournez le biais, endroit contre endroit, et piquez les extrémités dans le prolongement de la patte de boutonnage. Retournez sur l'endroit, repassez. Surpiquez toutes les épaisseurs.

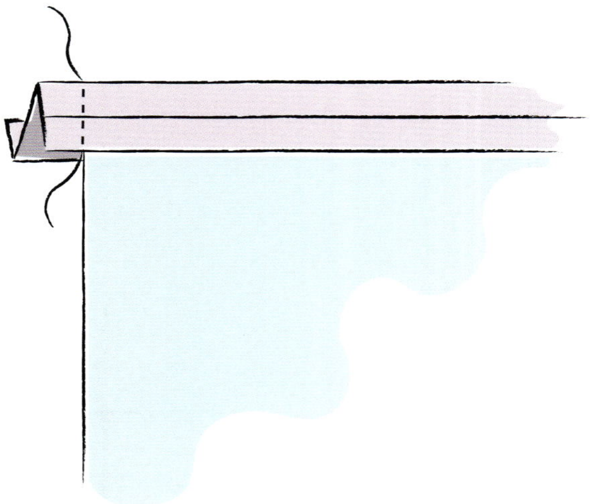

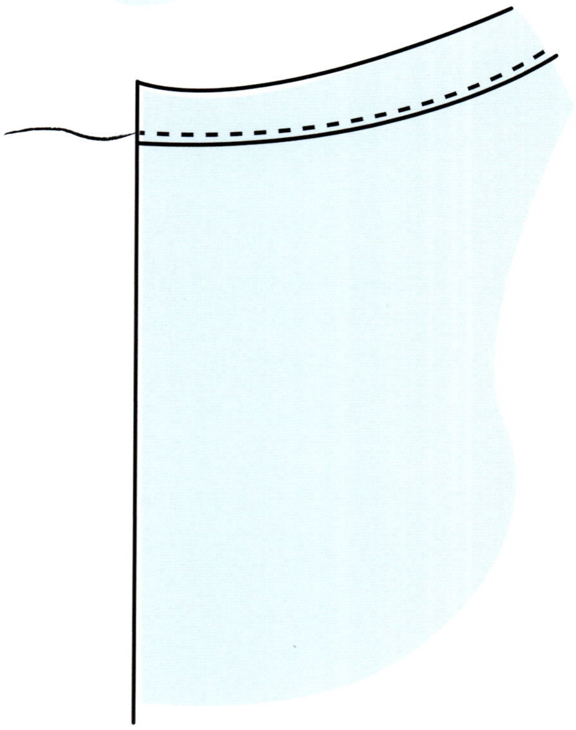

**6.** Posez les manches sur les épaules, endroit contre endroit. Piquez. Surfilez les coutures ensemble. Repassez les coutures vers les épaules. Surpiquez toutes les épaisseurs.

**7.** Retournez la tunique sur l'envers. Assemblez les côtés et les manches par une couture continue, endroit contre endroit. Surfilez les coutures ensemble. Retournez. Repassez.

**8.** Surfilez le bas de la tunique. Cousez le croquet tout autour à 1 cm du bord. Rabattez vers l'intérieur et surpiquez à 0,5 cm.

**9.** Faites un rentré au fer de 1 cm puis un second de 2 cm au bas des manches. Piquez à 0,7 cm du bas de la manche, puis faites une seconde couture à 1,8 cm en laissant une ouverture de quelques centimètres. Passez l'élastique par cette ouverture et cousez les deux extrémités ensemble. Piquez pour refermer l'ouverture.

**10.** Faites trois boutonnières sur la patte de boutonnage supérieure. Cousez les boutons en vis-à-vis sur la patte inférieure.

**Astuce**

Vous pouvez utiliser un tissu contrasté pour le plastron devant.

# Chemisier fille, Mauve

## Fournitures

6 à 8 boutons

3,5 cm x 35 cm de biais

60 cm de croquet

20 cm de triplure

48 cm, 50 cm, 52 cm, 54 cm, 56 cm d'élastique de 0,4 cm de large selon la taille

## Métrage :

70 cm, 75 cm, 80 cm, 90 cm, 100 cm x 120 - 140 cm de tissu selon la taille.

## Patron :

Le patron comprend 11 pièces : 1 dos, 1 empiècement dos, 2 devants, 2 empiècements devant, 2 manches, 2 cols en tissu, 1 col en triplure.

**Patron planche 4**

**Difficulté :** ★ ★ assez facile

La valeur sûre pour tous les jours de la semaine.

## Comment faire :

1. Passez un fil de fronces en haut du dos. Posez l'empiècement dos sur le dos, endroit contre endroit. Répartissez les fronces de façon homogène. Piquez. Surfilez les coutures ensemble. Repassez la couture vers le haut. Surpiquez à 0,2 cm. Faites de même pour chaque devant.

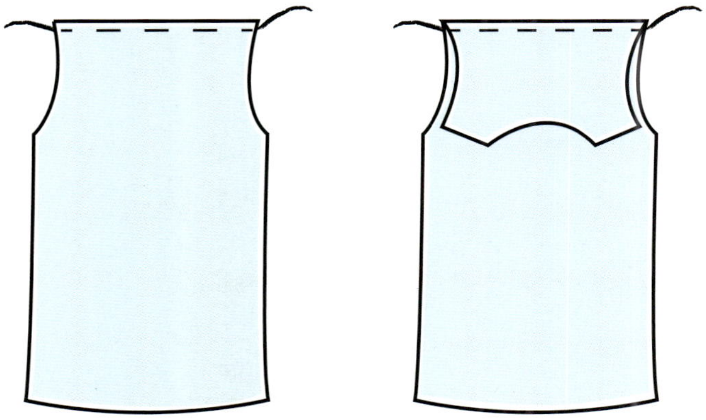

2. Assemblez le dos aux devants par les coutures d'épaules, endroit contre endroit. Surfilez les coutures ensemble. Repassez les coutures vers l'arrière. Surfilez les milieux devant. Faites un premier rentré au fer de 0,5 cm puis un second de 3 cm.

3. Piquez le croquet sur l'endroit d'un col à 1 cm du bord. Collez la triplure sur l'envers. Posez les deux cols, endroit contre endroit. Piquez tout autour en suivant la couture du croquet. Recoupez à 0,3 cm, crantez, retournez, repassez. Pliez le biais en deux dans le sens de la longueur. Repassez.

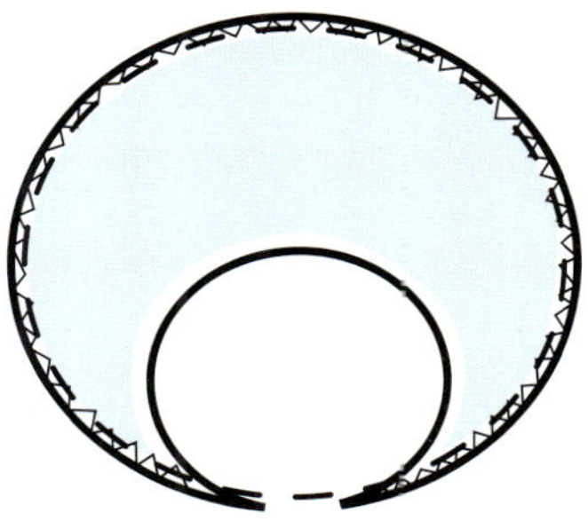

# Chemisier fille, Mauve

4. Posez le col sur l'encolure, envers col contre endroit, en faisant correspondre le milieu du col avec le milieu du dos. Rabattez les parmentures devant par-dessus le col, endroit contre endroit. Piquez sur toute la longueur du col.

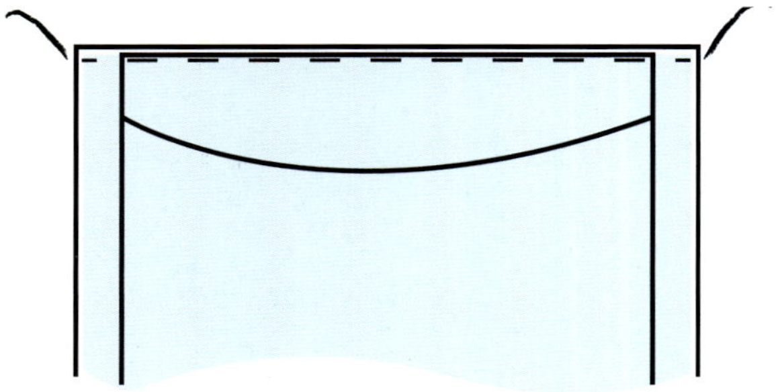

5. Posez le biais sur le col, la partie pliée vers le bas. Repiquez sur la couture précédente en prenant toutes les épaisseurs. Recoupez à 0,5 cm. Retournez sur l'endroit. Rabattez le biais vers le bas et piquez à 0,1 cm du bord.

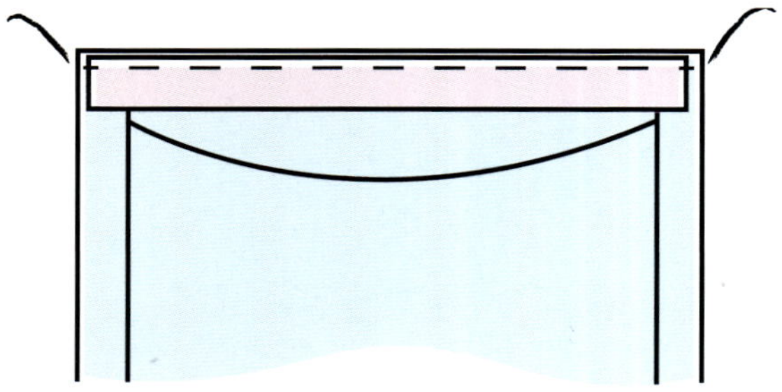

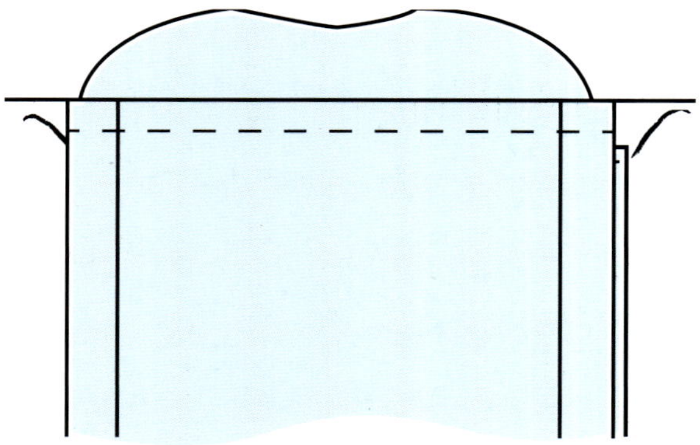

6. Passez un fil de fronces sur le haut des manches. Posez les manches sur les épaules, endroit contre endroit, en concentrant les fronces au niveau de la couture d'épaule. Piquez. Surfilez les coutures ensemble. Repassez les coutures vers les épaules.

7. Retournez le chemisier sur l'envers. Assemblez les côtés et les manches par une couture continue, endroit contre endroit. Surfilez les coutures ensemble. Retournez. Repassez.

8. Faites un rentré au fer de 0,5 cm au bas des manches puis un second de 1 cm. Piquez en prenant soin de laisser une ouverture de quelques centimètres. Passez l'élastique et fermez-le par un nœud ou quelques points. Piquez pour refermer la couture.

9. Faites un rentré au fer de 1 cm puis un second de 1 cm au bas du chemisier. Piquez l'ourlet.

10. Faites des boutonnières tous les 5 cm sur le devant droit du chemisier, à 1,5 cm du bord. Cousez les boutons en vis-à-vis sur le devant opposé.

**Astuce**

Vous pouvez rallonger le patron pour en faire une liquette ou une chemise de nuit.

# Robe chasuble, Narcisse

## Fournitures

6 boutons

Facultatif : 160 cm, 170 cm, 175 cm, 180 cm, 190 cm de croquet selon la taille

## Métrage :

65 cm, 70 cm, 80 cm, 90 cm, 100 cm x 120 - 140 cm de tissu selon la taille

Même métrage pour la doublure

## Patron :

Le patron comprend 6 pièces : 1 demi dos droit en tissu, 1 demi dos gauche en tissu, 1 demi dos droit en doublure, 1 demi dos gauche en doublure, 1 devant en tissu et 1 devant en doublure.

**Patron planche 1**

**Difficulté :** ★ ★ assez facile

Avec un sous-pull pour l'hiver, un chemisier en mi-saison ou telle quelle pour l'été.

## Comment faire :

**1.** Assemblez le devant en tissu aux demi-dos en tissu par les coutures d'épaules, endroit contre endroit. Piquez. Surfilez les coutures ensemble. Rabattez la couture au fer vers l'arrière. Faites de même pour la doublure et rabattez la couture vers l'avant. Surfilez le bas de la robe et de la doublure.

**1bis.** Facultatif : posez un croquet sur l'endroit à 1 cm du bord sur le milieu du dos droit, autour de l'encolure et des emmanchures.

**2.** Posez la doublure sur la robe, endroit contre endroit, en faisant correspondre les coutures d'épaules. Piquez le milieu du dos droit en partant du bas de la robe, puis l'encolure et le milieu du dos gauche. Faites une piqûre perpendiculaire aux coutures de milieu du dos à la hauteur de l'ourlet désiré, sur 5 cm.

Piquez les emmanchures. Crantez-les, ainsi que l'encolure et les arrondis.

**3.** Retournez la robe sur l'endroit en faisant passer les côtés dos par l'intérieur des épaules. Repassez.

**4.** Assemblez les côtés de la robe et de la doublure, endroit contre endroit, en faisant correspondre la couture de dessous de bras. Piquez. Surfilez les coutures ensemble. Retournez sur l'endroit. Rabattez la couture au fer.

**5.** Faites un rentré au fer sur le bas de la robe et de la doublure. Piquez les ourlets ou cousez-les à points coulés.

# Robe chasuble, Narcisse

6. Faites une surpiqûre sur l'endroit à 0,5 cm du bord autour des emmanchures, le long du milieu dos dessous

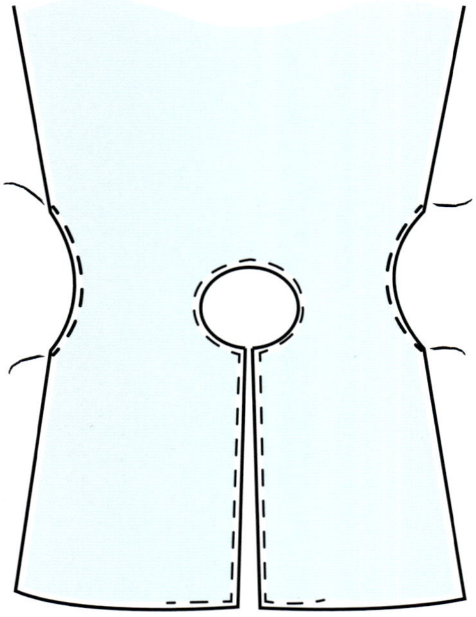

7. Faites une boutonnière et cousez les boutons en vis-à-vis.

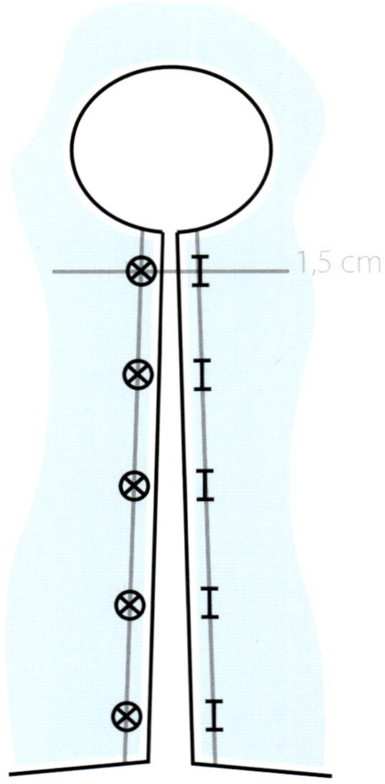

**Idée**

Vous pouvez rajouter des poches plaquées sur le devant de la robe avant de commencer à assembler le devant au dos.

# Bandeau, Marjolaine

## Fournitures

3 cm x 27 cm de molleton
15 cm d'élastique souple de 1 cm de large

## Métrage :

25 cm x 5 cm et 38 cm x 9 cm de tissu

**Difficulté :** ★ facile

Pour éviter que les cheveux ne volent au vent !

## Comment faire :

**1.** Pliez chaque bande en deux, endroit contre endroit. Piquez à 1 cm du bord sur toute la longueur de façon à former un tube. Retournez.

**2.** Passez l'élastique dans le petit tube et maintenez-le aux extrémités.

**3.** Passez le molleton dans le grand tube et rentrez les extrémités.

**4.** Faites rentrer la partie élastiquée dans le grand tube sur 1 cm et rabattez sur l'envers le surplus de tissu. Piquez pour maintenir les deux parties ensemble. Faites de même pour l'autre côté.

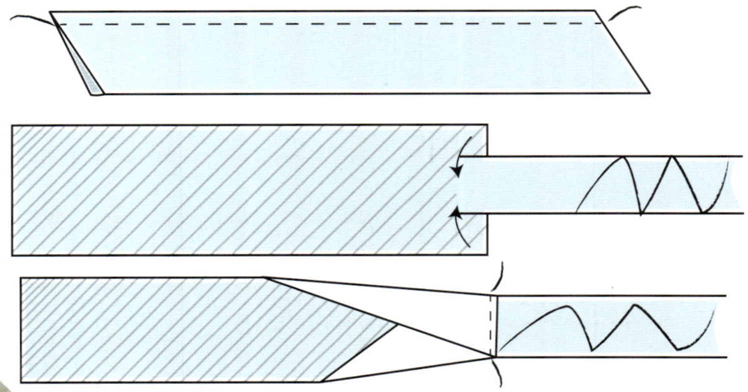

# Jupe plissée, Colchique

## Fournitures

2 boutons

30 cm d'élastique perforé

1 fermeture à glissière (12 cm pour les modèles 2 ans et 4 ans ; 15 cm pour les 6 ans, 8 ans, 10 ans)

## Métrage :

60 cm, 70 cm, 80 cm, 90 cm, 100 cm x 120 - 140 cm selon la taille

## Patron :

Le patron comprend 6 pièces : 1 devant, 1 dos, 2 ceintures devant, 2 ceintures dos

Pour le devant plus le dos, coupez deux rectangles de :

L 62 x H 27 cm pour le 2 ans — L 64 x H 30 cm pour le 4 ans

L 66 x H 33 cm pour le 6 ans — L 68 x H 36 cm pour le 8 ans

L 70 x H 39 cm pour le 10 ans

**Patron planche 4**

**Difficulté :** ★ ★ assez facile

**Idée**

Pour souligner la ceinture, vous pouvez coudre un croquet sur l'endroit, à 1 cm du bas de la ceinture, avant de l'assembler à la jupe.

## Comment faire :

**1.** Assemblez les ceintures devant par la couture du haut, endroit contre endroit. Piquez. Faites de même pour les ceintures du dos. Repassez.

**2.** Formez les plis sur le devant et le dos de la jupe : commencez à 4 cm du bord pour le 2 ans, 5 cm pour le 4 ans, 6 cm pour le 6 ans, 7 cm pour le 8 ans et 8 cm pour le 10 ans, puis formez un pli de 3 cm tous les 6 cm. Maintenez les plis par une couture verticale de 11 cm pour les 2-4 ans et de 12 cm pour les 6-8-10 ans.

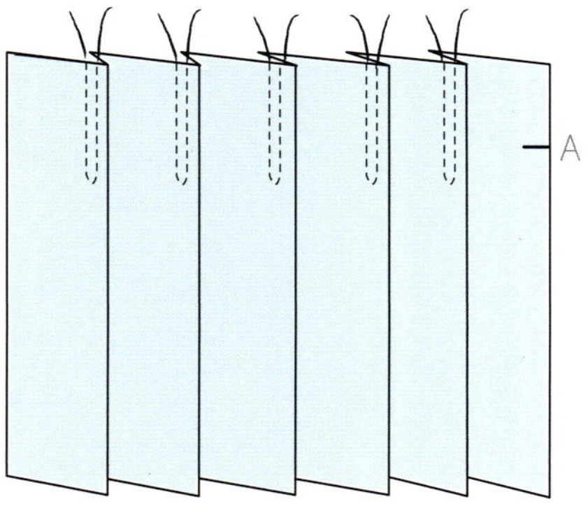


**3.** Assemblez la ceinture du devant au devant de la jupe, endroit contre endroit, et la ceinture du dos au dos de la jupe. Piquez, repassez les coutures vers le haut.

**4.** Faites deux boutonnières verticales et centrées de 2 cm sur la ceinture du dos intérieure, à 4 cm du bord.

5. Surjetez les côtés du dos et du devant. Posez, endroit contre endroit, le dos sur le devant. Piquez du cran A au bas de la jupe. Passez un fil de bâti du cran A au cran A'. Repassez couture ouverte.

6. Bâtissez la fermeture à glissière sur l'envers entre A et A'. Surpiquez sur l'endroit. Retirez les fils de bâti.

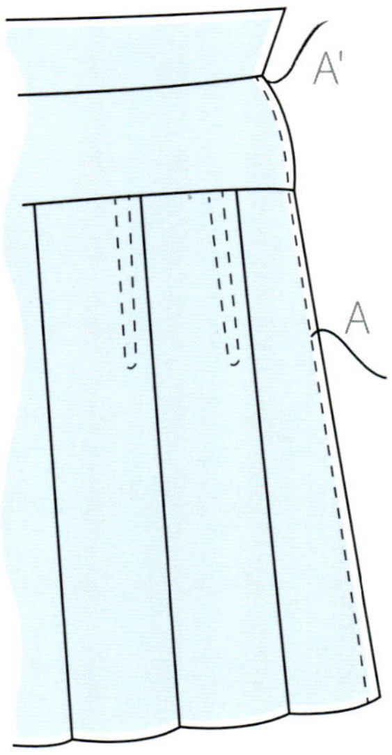


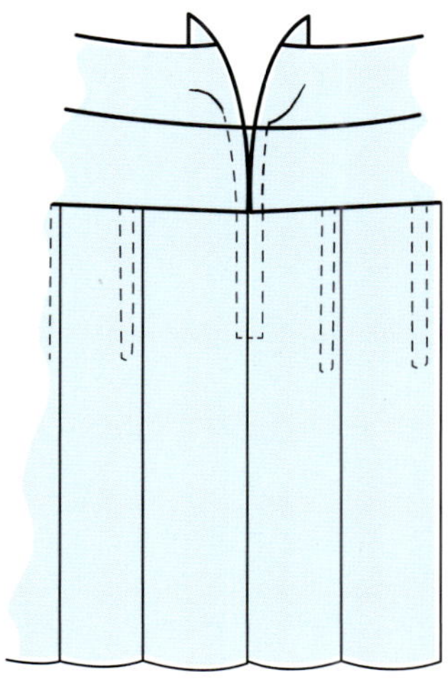

7. Assemblez le second côté, endroit contre endroit. Ouvrez les coutures au fer. Retournez la jupe sur l'endroit.

8. Faites un rentré au fer de 1 cm sur le haut de la ceinture. Rabattez sur l'envers et maintenez la ceinture fermée par un bâti. Surpiquez tout autour.

9. Faites un rentré au fer de 0,5 cm sur le bas de la jupe puis rabattez sur 1,5 cm. Surpiquez.

10. Cousez les boutons entre la boutonnière et la couture de côté pour maintenir l'élastique passé dans la ceinture du dos.

# Pantacourt, Iris

## Fournitures

2 boutons

25 cm, 26 cm, 27 cm, 29 cm, 30 cm d'élastique perforé selon la taille

Facultatif : 65 cm, 3 x 70 cm, 75 cm de croquet selon la taille

## Métrage :

50 cm, 55 cm, 65 cm, 75 cm, 85 cm x 120 - 140 cm selon la taille

## Patron :

Le patron comprend 8 pièces : 2 devants, 2 dos, 2 revers devant, 2 revers dos.

**Patron planche 2**

**Difficulté :** ★ ★ assez facile

Même si les petites filles grandissent, il leur ira toujours bien.

## Comment faire :

**1.** Assemblez les deux devants par le milieu, endroit contre endroit. Piquez, surfilez les deux coutures ensemble. Rabattez la couture au fer sur un côté. Surpiquez sur l'endroit en prenant toutes les épaisseurs.
Faites de même pour les deux dos.

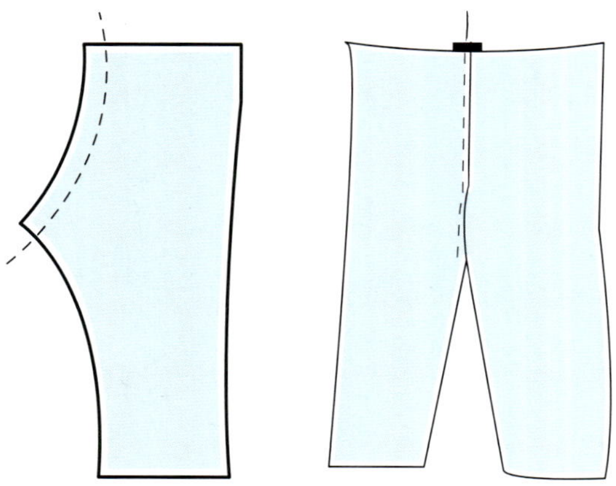

**2.** Assemblez le devant au dos, endroit contre endroit, par les coutures de côté. Piquez, surfilez les coutures ensemble.

**3.** Assemblez le devant au dos, endroit contre endroit, par la couture d'entrejambe. Piquez, surfilez les coutures ensemble.

**4.** Marquez au fer un rentré de 1 cm au niveau de la ceinture puis un second de 2,5 cm.

**5.** Faites deux boutonnières verticales et centrées de 2 cm sur la ceinture dos intérieure, à 2,5 cm des côtés.

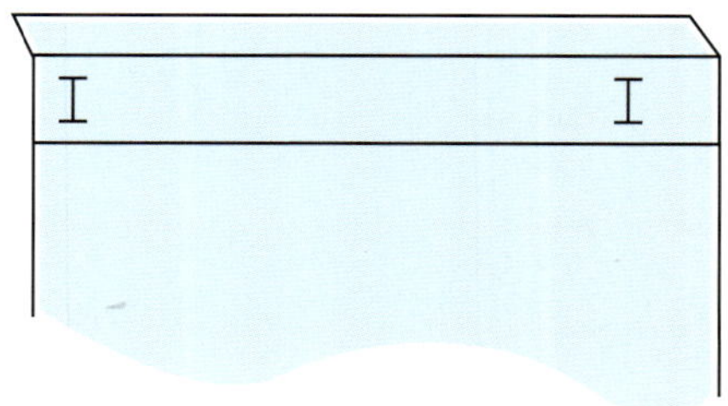

**6.** Fermez la ceinture par une couture au ras du premier rentré.

**7.** Cousez deux boutons à l'intérieur du pantalon dans la couture de côté de la ceinture pour maintenir l'élastique passé entre les deux boutonnières.

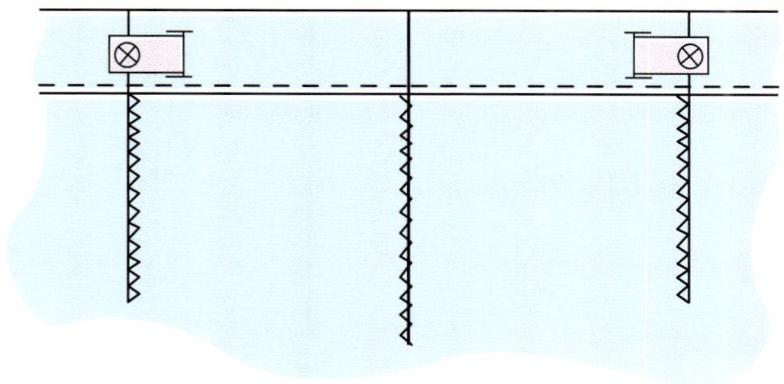

**8.** Assemblez, endroit contre endroit, les revers de jambes par les coutures de côté. Surfilez les coutures ensemble. Repassez.

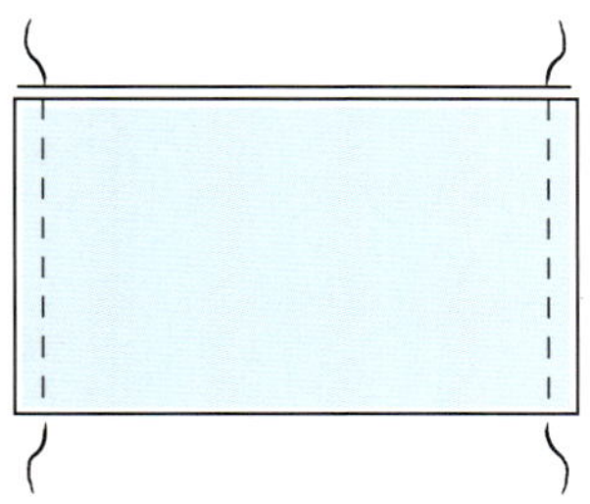

**9.** Facultatif : piquez un croquet sur l'endroit des revers à 1 cm du haut.

**10.** Enfilez les jambes dans les revers : envers du pantacourt contre endroit des revers. Piquez à 1 cm du bas. Retournez les revers sur l'endroit. Faites un rentré au fer de 1 cm. Surpiquez sur l'endroit à 0,1 cm du haut du revers.

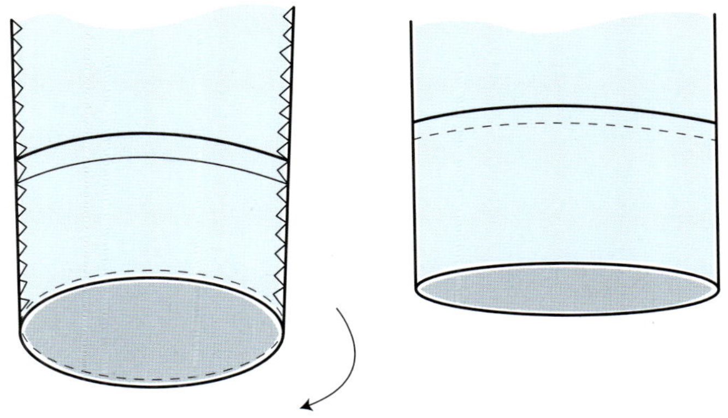

**Idée**

Vous pouvez rajouter quelques boutons fantaisie sur les côtés des revers.

# Short boule, Giroflée

## Fournitures

2 boutons

24 cm, 25 cm, 26 cm, 27 cm, 28 cm d'élastique en 2,5 cm de large selon la taille

50 cm de ruban ou gros grain

## Métrage :

70 cm, 80 cm, 90 cm, 95 cm, 100 cm x 120 - 140 cm selon la taille

## Patron :

Le patron comprend 13 pièces : 2 devants, 2 dos, 2 bracelets de jambe, 2 poches, 1 ceinture devant, 4 pattes.

**Patrons planche 2**

**Difficulté :** ★ ★ assez facile

Pour être à la mode... mais pas trop excentrique.

### Conseil

**Pour une ceinture élastique ajustable, procédez comme pour le bermuda ALTÉA (page 106).**

## Comment faire :

1. Assemblez les deux devants par le milieu, endroit contre endroit. Piquez, surfilez les deux coutures ensemble. Rabattez la couture au fer sur un côté. Surpiquez sur l'endroit en prenant toutes les épaisseurs.
Faites de même pour les deux dos.

2. Formez les plis devant : pliez le tissu envers contre envers en faisant correspondre les crans AA' et faites une piqûre verticale jusqu'au repère. Ouvrez le pli au fer. Surpiquez sur l'endroit pour maintenir le pli.

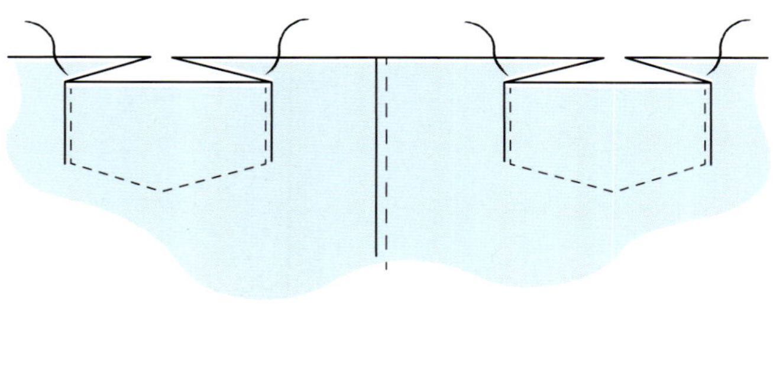

3. Posez la ceinture sur le devant, endroit contre endroit. Piquez. Rabattez la ceinture sur l'endroit. Repassez la couture vers le haut. Cousez le ruban sur la ceinture devant à 0,5 cm du bas.

4. Maintenez les plis de la poche. Posez le haut de poche, endroit contre endroit. Piquez. Rabattez sur l'envers et faites un rentré au fer de 1 cm. Surpiquez sur l'endroit pour maintenir le haut de la poche. Préparez un rentré de 1 cm tout autour de la poche, et positionnez-la à l'emplacement prévu ; surpiquez à 0,1 cm.

5. Faites un rentré au fer de 1 cm sur l'envers du dos puis pliez au cran B. Piquez à 0,1 cm pour maintenir la pliure. Passez l'élastique et maintenez-le aux extrémités.

# Short boule, Giroflée

6. Assemblez les devants et dos, endroit contre endroit, par les coutures de côté. Piquez, surfilez les coutures ensemble.

7. Rabattez la ceinture devant sur l'envers et faites un rentré au fer de 1 cm. Piquez à 0,1 cm tout autour sur l'endroit.

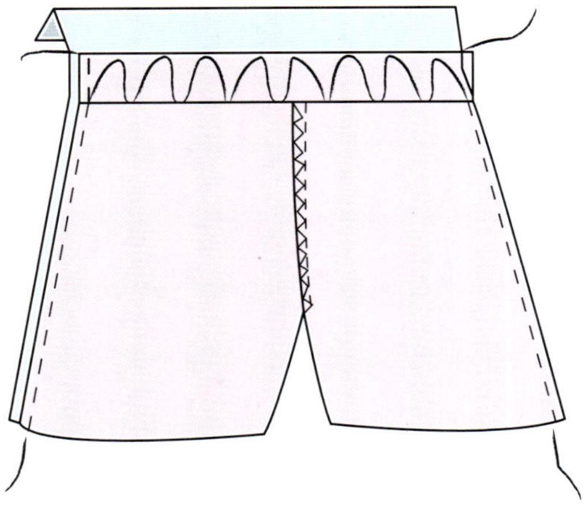

8. Passez un fil de fronces sur le bas du short et froncez à la dimension des bracelets de jambe. Posez le bracelet, endroit contre endroit. Piquez. Assemblez les devants et dos, endroit contre endroit, par la couture d'entrejambe. Surfilez les coutures ensemble.

9. Assemblez les deux pattes, endroit contre endroit, retournez, repassez, surpiquez.

10. Faites un rentré au fer de 1 cm au bas des bracelets de jambe et rabattez sur l'envers. Intercalez la patte au niveau de la couture de côté, piquez sur l'endroit à 0,1 cm tout autour de chaque jambe.

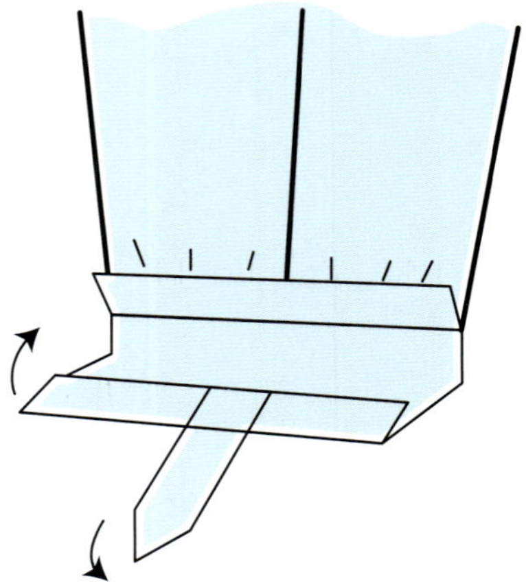

11. Rabattez la patte sur l'endroit et maintenez-la par un bouton cousu.

# Chemisette garçon, Coquelicot

## Fournitures

6 boutons

3,5 cm x 35 cm, 36 cm, 37 cm, 38 cm, 39 cm de biais

20 cm de triplure pour le col

## Métrage :

90 cm, 95 cm, 100 cm, 105 cm, 110 cm x 120 - 140 cm selon la taille

## Patron :

Le patron comprend 10 pièces : 1 dos, 1 empiècement dos, 2 devants, 2 manches, 1 poche, 2 cols en tissu, 1 col en triplure.

**Patron planche 3**

**Difficulté :** ★ ★ ★ difficile

Les petits garçons vont pouvoir être habillés comme leur papa.

## Comment faire :

1. Formez le pli sur le dos de la chemise : pliez le dos en deux envers contre envers. Faites une couture verticale sur 3 cm à l'endroit du repère. Ouvrez le pli au fer et maintenez-le par quelques points.

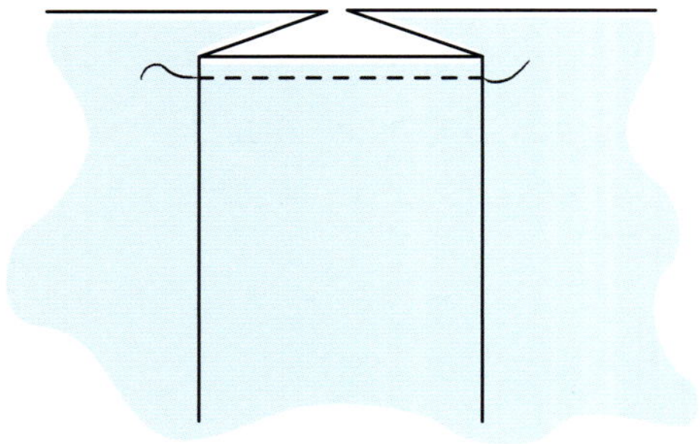

2. Assemblez l'empiècement dos au dos de la chemisette, endroit contre endroit. Surfilez les coutures ensemble. Rabattez la couture vers le haut. Surpiquez à 0,1 cm de la couture.

3. Assemblez le dos aux devants de la chemisette par les coutures d'épaules, endroit contre endroit. Surfilez les coutures ensemble. Repassez les coutures vers l'arrière. Surpiquez sur l'endroit à 0,1 cm de la couture.

4. Surfilez les milieux devant. Côté droit, faites un premier rentré au fer de 2,5 cm puis un second. Piquez à 2 cm du bord. Côté gauche, faites un rentré au fer de 3 cm puis un second. Piquez à 0,5 cm du bord. Dépliez et faites une piqûre à 0,5 cm du bord.

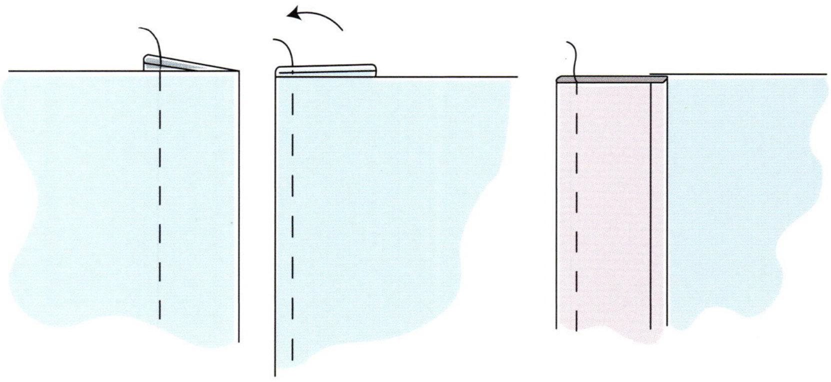

**5.** Surfilez la poche. Pliez le haut de la poche envers contre envers. Piquez dans le surfil pour maintenir le revers. Préparez un rentré au fer de 1 cm tout autour de la poche. Posez la poche sur le devant gauche et piquez à 0,1 cm tout autour.

**6.** Collez la triplure sur l'envers d'un col. Posez les deux cols, endroit contre endroit. Piquez tout autour. Recoupez à 0,3 cm, crantez, retournez, repassez. Surpiquez à 0,1 cm du bord.

**7.** Formez le biais : pliez le biais en deux dans le sens de la longueur. Repassez. Ouvrez. Rabattez chaque côté vers l'intérieur au niveau de la pliure. Repassez.

**8.** Posez le col sur l'encolure envers contre endroit en faisant correspondre le milieu du col avec le milieu du dos.

**9.** Posez le biais sur le col en ne laissant dépasser que 1 cm de chaque milieu devant. Piquez toutes les épaisseurs. Retournez le biais en deux, endroit contre endroit, et piquez les extrémités dans le prolongement des milieux devant. Retournez sur l'endroit, repassez. Surpiquez toutes les épaisseurs.

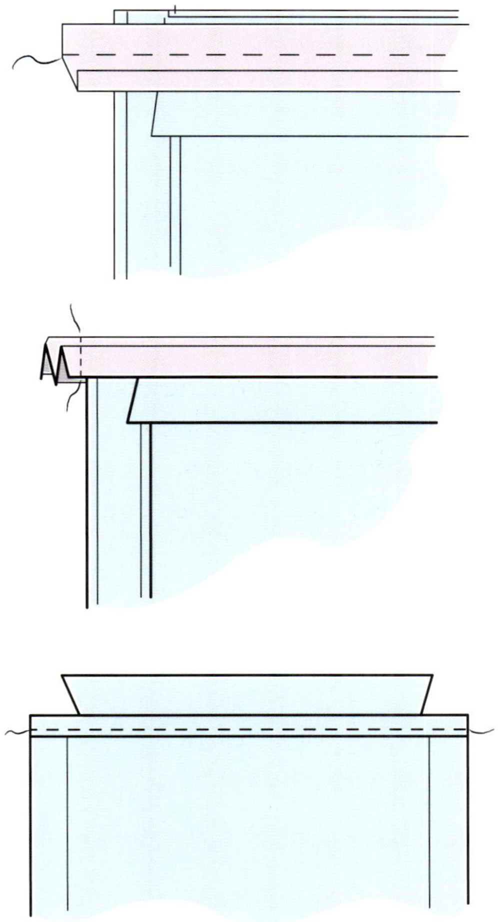

**10.** Posez les manches sur les épaules, endroit contre endroit, en prenant soin de bien étaler le tissu. Piquez. Surfilez les coutures ensemble. Repassez les coutures vers les épaules. Surpiquez à 0,1 cm de la couture.

**11.** Retournez la chemisette sur l'envers. Assemblez les côtés et les manches par une couture continue, endroit contre endroit. Surfilez les coutures ensemble. Retournez. Repassez.

**12.** Faites un rentré au fer de 3 cm au bas des manches puis un second. Piquez à 0,5 cm du bas. Dépliez le dernier rentré et repassez.

**13.** Faites un rentré au fer de 0,5 cm puis un second de 1 cm au bas de la chemisette. Piquez l'ourlet.

**14.** Faites deux boutonnières espacées de 1 cm en haut du devant gauche, puis espacez-les de 7-8 cm. Cousez les boutons en vis-à-vis sur le devant droit.

**Astuce**

Vous pouvez réutiliser les boutons d'une chemise usagée.

15

QT-15

# Pantalon de Golf, Lazule

## Fournitures

32 cm, 34 cm, 36 cm, 38 cm, 40 cm d'élastique perforé selon la taille

50 cm, 52 cm, 54 cm, 56 cm, 58 cm d'élastique souple de 0,9 cm de large selon la taille

### Métrage :

60 cm, 70 cm, 80 cm, 90 cm, 100 cm x 120 - 140 cm selon la taille

### Patron :

Le patron comprend 8 pièces : 2 devants, 2 dos, 1 ceinture devant, 1 ceinture dos, 2 poches.

**Patron planche 3**

**Difficulté :** ★ ★ assez facile

Pratique pour empêcher que le pantalon ne traîne par terre.

## Comment faire :

**1.** Assemblez les deux devants par le milieu, endroit contre endroit. Piquez, surfilez les coutures ensemble. Rabattez la couture au fer sur un côté. Surpiquez à 0,1 cm sur l'endroit en prenant toutes les épaisseurs.
Faites de même pour les deux dos.

**2.** Formez les plis devant : pliez le tissu, endroit contre endroit, en faisant correspondre les crans AA' et BB' et faites une piqûre verticale jusqu'au repère. Rabattez les plis vers l'extérieur. Surpiquez sur l'endroit pour maintenir le pli.

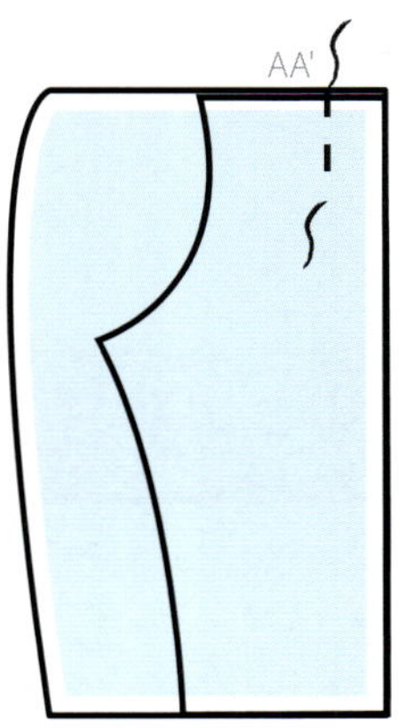


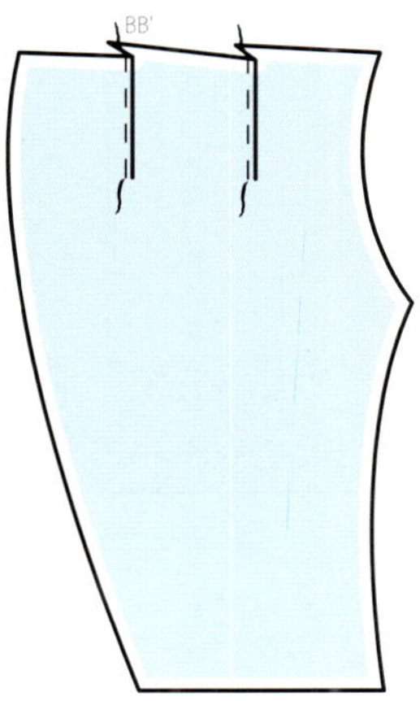


**3.** Posez la ceinture du devant sur le devant, endroit contre endroit. Piquez. Rabattez la ceinture sur l'endroit. Repassez la couture vers le haut. Faites de même pour la ceinture du dos. Cousez deux boutonnières verticales et centrées de 2 cm sur la ceinture dos intérieure, à 4 cm des côtés.

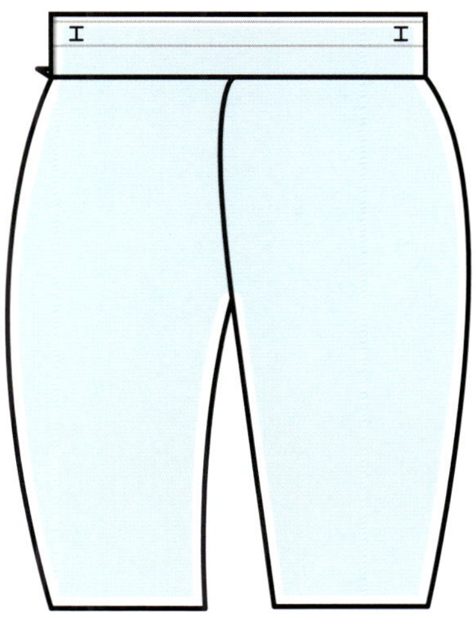

# Pantalon de Golf, Lazule

**4.** Surfilez tout autour des poches. Pliez le haut des poches envers contre envers. Piquez pour maintenir le revers. Préparez un rentré au fer de 1 cm tout autour des poches, positionnez-les aux emplacements prévus et surpiquez à 0,1 cm.

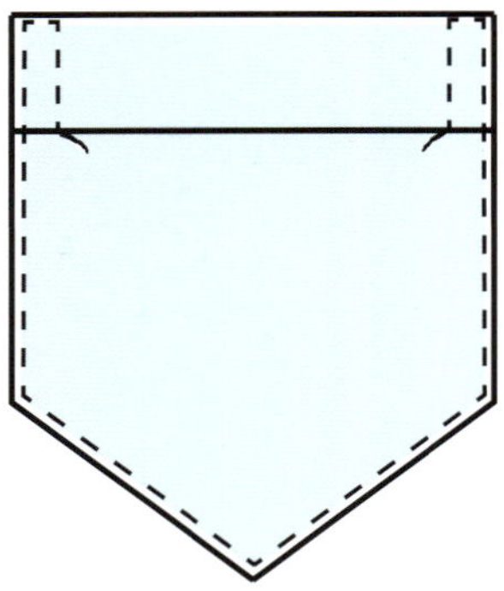

**5.** Assemblez les devants et dos, endroit contre endroit, par les coutures de côté. Piquez, surfilez les coutures ensemble.

**6.** Faites un rentré au fer de 1 cm sur le haut de la ceinture. Rabattez sur l'envers. Repassez. Sur l'endroit, surpiquez à 0,1 cm tout autour.

**7.** Surfilez le bas du pantalon. Assemblez les devants et dos, endroit contre endroit, par la couture d'entrejambe. Surfilez les coutures ensemble.

**8.** Faites un rentré au fer de 1,5 cm au bas des jambes. Piquez dans le surfil en laissant une ouverture de quelques centimètres. Passez l'élastique par cette ouverture et cousez les deux extrémités ensemble. Piquez pour refermer l'ouverture.

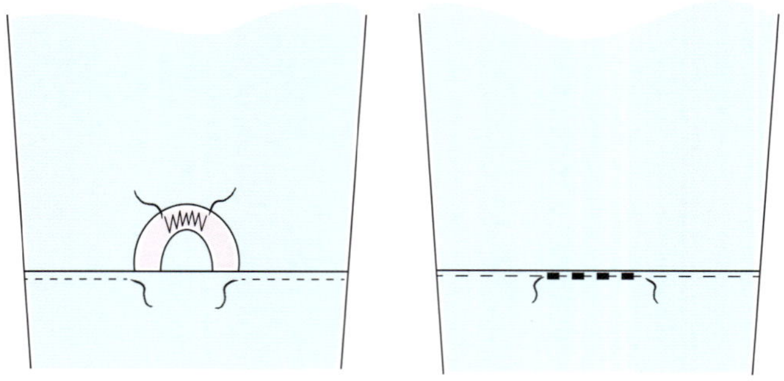

**9.** Cousez les boutons entre la boutonnière et la couture de côté pour maintenir l'élastique passé dans la ceinture du dos.

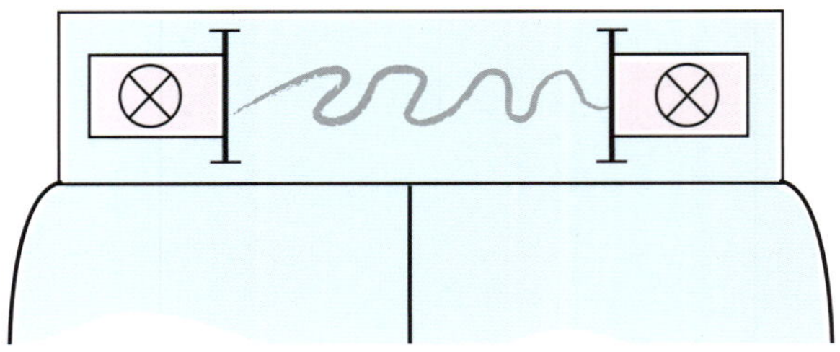

### Conseil

**Pour renforcer la couture d'entrejambe, faites quelques points avant-arrière lors du passage à la jointure.**

# Hibiscus, jupe boule

## Fournitures

2 boutons,

1 ruban de 22 cm

28 cm, 29 cm, 30 cm, 31 cm, 32 cm d'élastique perforé selon la taille.

## Métrage :

Tissu : 85 cm, 95 cm, 105 cm, 115 cm, 125 cm x 120 – 140 selon la taille.

Doublure : 20 cm, 25 cm, 25 cm, 30 cm, 35 cm x 120 – 140 selon la taille

## Patron :

Le patron comprend 8 pièces : 1 devant jupe tissu, 1 dos jupe tissu, 1 devant jupe doublure, 1 dos jupe doublure, 1 empiècement jupe devant, 1 empiècement jupe dos, 1 empiècement intérieur devant, 1 empiècement intérieur dos.

**Patron planche 4**

**Difficulté :** ★ ★ assez facile

## Comment faire :

**1.** Brodez deux boutonnières verticales de 2 cm sur l'empiècement intérieur dos, à 2 cm des côtés et à 2 cm du haut.

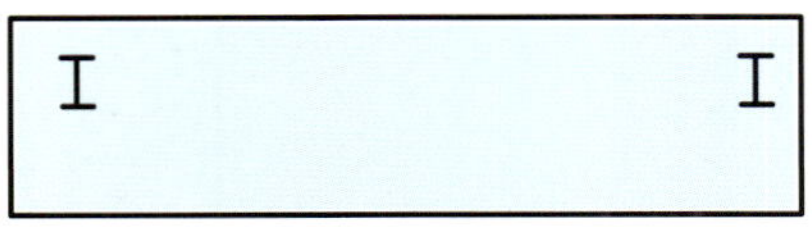

**2.** Assemblez l'empiècement jupe devant à l'empiècement intérieur devant, endroit contre endroit, par la couture du haut. Piquez. Repassez la couture ouverte. Faites de même pour les empiècements jupe dos et empiècement intérieur dos.

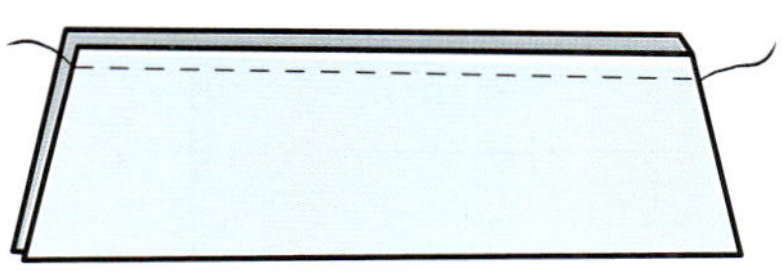

**3.** Assemblez les empiècements devant aux empiècements dos par les coutures de côté. Piquez. Surfilez les coutures ensemble. Retournez sur l'endroit, repassez. Surpiquez tout autour à 2 mm du haut. Puis surpiquez l'empiècement dos uniquement à 4 cm du haut.

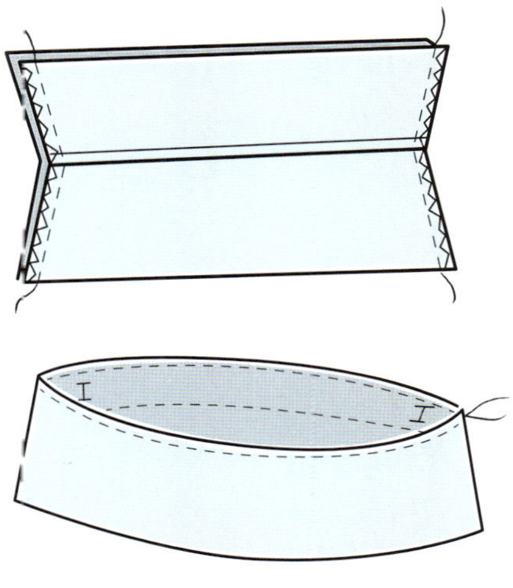

# Hibiscus, jupe boule

**4.** Repassez le devant et le dos de la jupe. Assemblez le devant au dos endroit contre endroit par les coutures de côté. Piquez. Surfilez les coutures ensemble. Faites de même avec la doublure de la jupe.

**5.** Passez un fil de fronce au bas de la jupe.

**6.** Enfilez la jupe dans la doublure endroit contre endroit. Etalez les fronces de façon à faire correspondre les coutures de côté. Piquez le bas de la jupe 1 cm du bord. Surfilez les coutures ensemble. Retournez sur l'endroit.

**7.** Passez un fil de fronce sur le haut de la jupe.

**8.** Superposez le haut de la jupe avec le haut de la doublure en faisant correspondre les coutures de côté. Étalez les fronces. Piquez les 2 épaisseurs à 1 cm du haut. Surfilez les coutures ensemble.

**9.** Enfilez la jupe ainsi formée dans les empiècements, endroit contre endroit, en faisant correspondre chaque devant et chaque dos. Repiquez sur la couture précédente en prenant toutes les épaisseurs. Retournez sur l'endroit. Repassez la couture vers le haut.

**10.** Surfilez le bas de l'empiècement intérieur. Rabattez sur l'envers de la jupe. Repassez.

**11.** Sur l'endroit, surpiquez dans la couture au ras de l'empiècement.

**12.** Cousez les boutons à l'intérieur de la jupe sur la couture de côté au niveau des boutonnières.

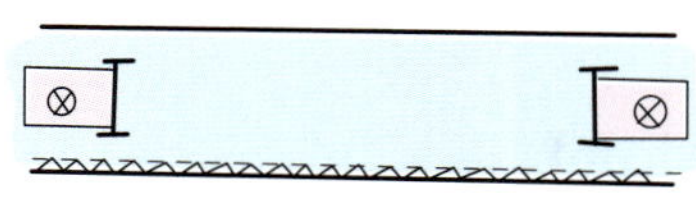

**13.** Passez l'élastique dans la ceinture dos et maintenez-le par les boutons pour ajuster la taille.

**14.** Formez un nœud avec un ruban de 22 cm de long. Fixez-le par quelques points sur l'empiècement devant.

# En Week-end

En week-end,
des tenues à porter
simplement de façon
décontractée.

## À savoir

Des vêtements toujours confortables,
à styliser en fonction des circonstances.

# Débardeur, Fuchsia

## Fournitures

2 biais de 4 cm x 32,5 cm, 34,5 cm, 38,5 cm, 43 cm, 47 cm selon la taille

29 cm, 32 cm, 35 cm, 38 cm, 42 cm d'élastique de 0,5 cm selon la taille

## Métrage :

40 cm, 45 cm, 50 cm, 55 cm, 60 cm x 120 - 140 cm selon la taille

## Patron :

Le patron comprend 2 pièces : 1 devant, 1 dos.

**Patron planche 4**

**Difficulté :** ★ facile

Bien agréable à porter quand il fait chaud.

**Idée**

Vous pouvez agrémenter le bas du débardeur par un volant de quelques centimètres.

## Comment faire :

**1.** Faites un rentré au fer de 0,5 cm puis un second de 1 cm sur le haut devant et dos. Piquez à 0,1 cm.

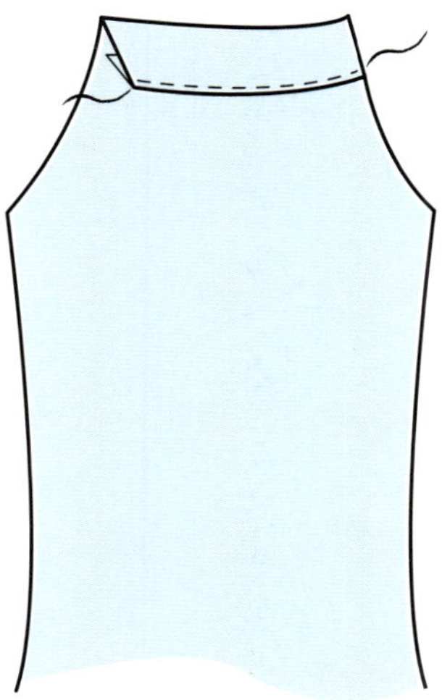

**2.** Coupez l'élastique en deux. Passez un élastique dans la couture devant et le second dans la couture dos. Maintenez les extrémités par quelques points.

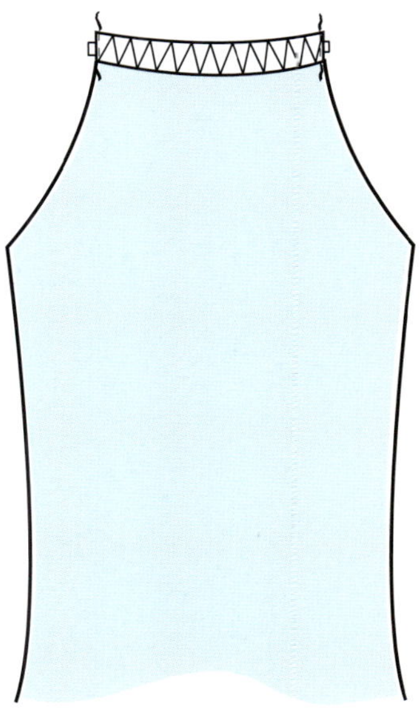

3. Formez les biais : pliez chaque biais en deux dans le sens de la longueur. Repassez. Ouvrez. Rabattez un côté vers l'intérieur au niveau de la pliure du milieu.

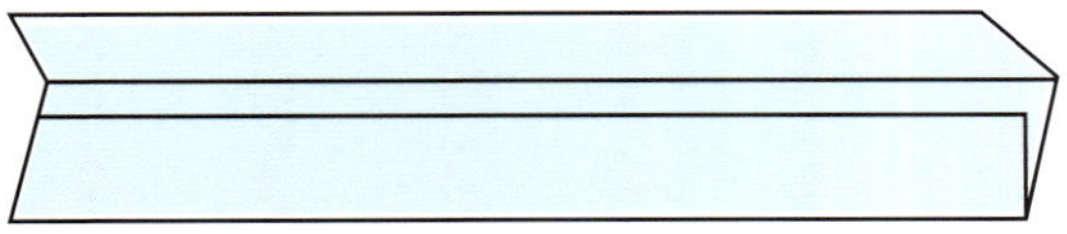

4. Posez l'extrémité d'un biais sur l'emmanchure devant, endroit contre endroit, piquez. Posez l'autre extrémité sur l'emmanchure dos, endroit contre endroit, piquez. Rabattez le biais sur l'envers. Repassez. Surpiquez sur toute la longueur du biais. Faites de même pour l'autre emmanchure.

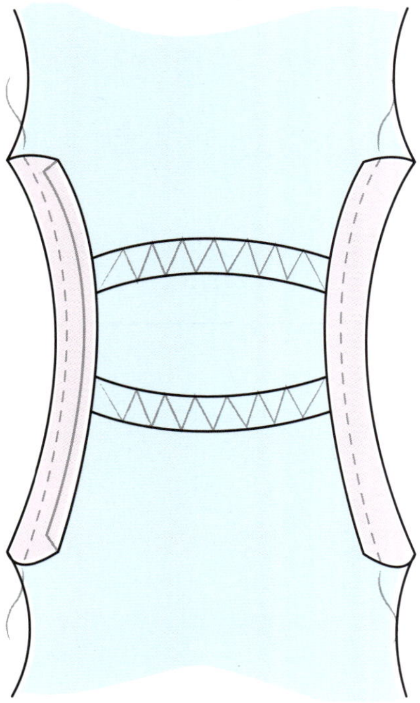

5. Assemblez les côtés, endroit contre endroit. Piquez. Surfilez les coutures ensemble.

6. Faites un rentré au fer de 0,5 cm puis un second de 1 cm au bas du débardeur. Cousez l'ourlet à points coulés ou surpiquez.

# Chemisier col pétale, Marguerite

## Fournitures

6 boutons

2 boutons fantaisie

3,5 cm x 35 cm de biais pour le col

## Métrage :

85 cm, 90 cm, 100 cm, 110 cm, 120 cm x 120 - 140 cm selon la taille

## Patron :

Le patron comprend 9 pièces : 2 dos, 1 devant, 2 manches, 2 cols en tissu, 2 biais bas de manche de 4 cm x 50 cm, 50 cm, 51 cm, 52 cm, 52 cm selon la taille.

**Patrons planche 2**

**Difficulté :** ★ ★ ★ difficile

Le col préféré des demoiselles !

## Comment faire :

**1.** Formez les plis sur le devant du chemisier : pliez le tissu en deux envers contre envers selon les lignes de pliure. Piquez à 0,2 cm du bord.

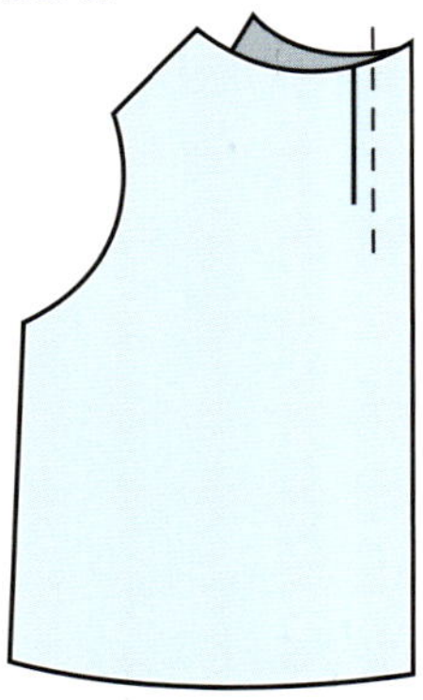

**2.** Assemblez les dos au devant par les coutures d'épaules, endroit contre endroit. Surfilez les coutures ensemble. Repassez les coutures vers l'arrière. Surfilez les milieux des dos. Faites un premier rentré au fer de 0,5 cm puis un second de 3 cm.

**3.** Posez les deux cols, endroit contre endroit. Marquez les pétales à la craie ou au crayon. Piquez en suivant les arrondis. Recoupez à 0,3 cm, crantez, retournez, repassez. Pliez le biais en deux dans le sens de la longueur. Repassez.

**4.** Posez le col sur l'encolure, endroit contre endroit, en faisant correspondre le milieu du col avec le milieu du devant. Rabattez les parmentures dos par-dessus le col, endroit contre endroit. Piquez sur toute la longueur du col.

**5.** Posez le biais sur le col, la partie pliée vers le bas. Repiquez sur la couture précédente en prenant toutes les épaisseurs. Recoupez à 0,5 cm. Retournez sur l'endroit. Rabattez le biais vers le bas et piquez à 0,1 cm du bord.

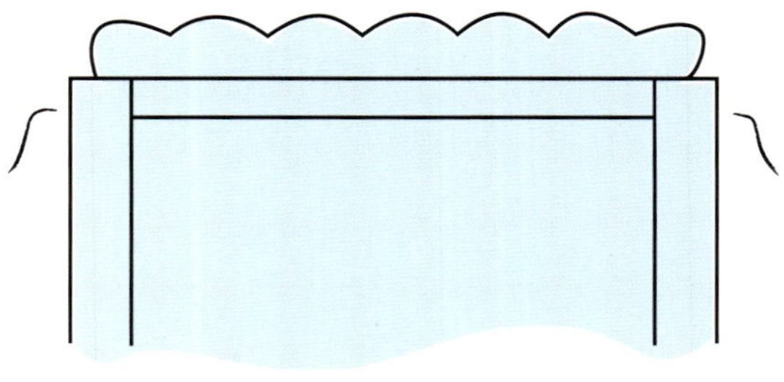

6. Posez les manches sur les épaules, endroit contre endroit, en prenant soin de bien étaler le tissu. Piquez. Surfilez les coutures ensemble. Repassez les coutures vers les épaules.

7. Retournez le chemisier sur l'envers. Assemblez les côtés et les manches par une couture continue, endroit contre endroit. Surfilez les coutures ensemble. Retournez. Repassez.

8. Coupez la fente de chaque manche. Surjetez-la. Repliez le surjet envers contre envers et surpiquez à 0,2 cm du bord.

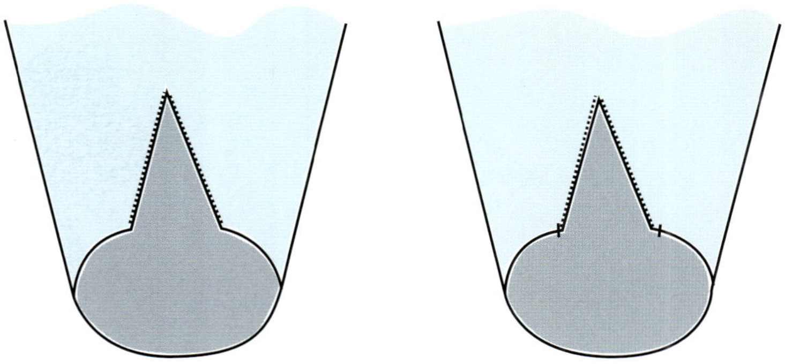

9. Formez le biais de bas de manche : pliez chaque biais en deux dans le sens de la longueur. Repassez. Ouvrez. Rabattez un côté vers l'intérieur au niveau de la pliure du milieu.

10. Posez le biais ouvert, endroit contre endroit, sur le bas de la manche en faisant correspondre le milieu du biais avec la couture de la manche. Piquez le bas de la manche. Rabattez le biais vers l'intérieur. Faites un rentré à chaque extrémité et surpiquez sur toute la longueur du biais.

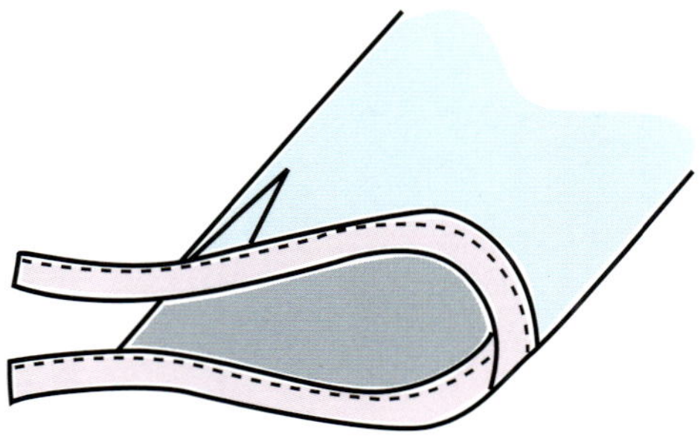

11. Faites un rentré au fer de 1 cm au bas du chemisier puis un second. Piquez l'ourlet.

12. Faites des boutonnières tous les 7 à 8 cm sur le dos gauche du chemisier, à 1,5 cm du bord. Cousez les boutons en vis-à-vis à 1,5 cm du bord sur le devant opposé.

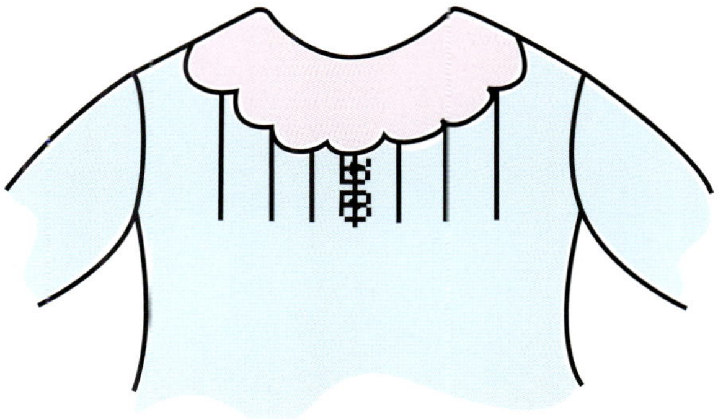

13. Cousez deux boutons fantaisie sur le devant du chemisier au bas du pli central.

**Astuce**

Vous pouvez rallonger ce chemisier et le doubler pour en faire une robe pour l'hiver.

# Tunique col officier, Hortensia

## Fournitures

3 boutons
4 cm x 35 cm de biais

## Métrage :

85 cm, 90 cm, 100 cm, 110 cm, 120 cm x 120 - 140 cm
selon la taille

## Patron :

Le patron comprend 8 pièces : 2 demi-plastrons devant, 1 devant, 1 dos, 2 cols, 2 manches.

**patron planche 1**

**Difficulté :** ★ ★ assez facile

Une forme fluide pour plus de légèreté.

## Comment faire :

1. Surfilez le milieu de chaque demi-plastron. Pliez au fer à 1 cm puis à 2 cm. Superposez le demi-plastron droit et le demi-plastron gauche en faisant correspondre la ligne du milieu devant. Maintenez par quelques points sur le bas de la patte de boutonnage.

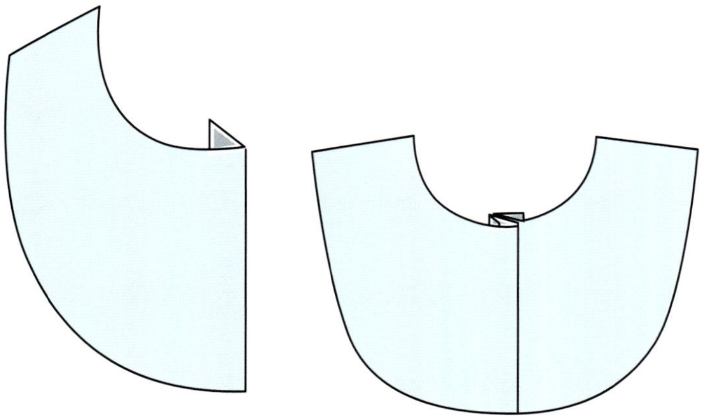

2. Passez un fil de fronces sur le devant de la tunique entre les deux points A. Posez, endroit contre endroit, le plastron sur le devant de la tunique. Répartissez les fronces sur 5 cm au niveau du milieu devant. Piquez. Surfilez les coutures ensemble. Repassez les coutures vers l'intérieur. Surpiquez sur l'endroit à 0,1 cm de la couture.

3. Assemblez le dos au devant par les coutures d'épaules, endroit contre endroit. Surfilez les coutures ensemble. Repassez les coutures vers l'arrière.

4. Posez les deux cols, endroit contre endroit. Piquez tout autour. Crantez, retournez, repassez. Surpiquez à 0,1 cm du bord puis tous les 0,5 cm. Pliez le biais en deux dans le sens de la longueur. Repassez.

5. Posez le col sur l'encolure, endroit contre endroit, en faisant correspondre le milieu du col avec la couture du milieu du dos. Rabattez la patte de boutonnage par-dessus en inversant le sens de la pliure. Piquez sur toute la longueur du col.

6. Posez le biais sur le col, la partie pliée vers le bas. Repiquez sur la couture précédente en prenant toutes les épaisseurs. Recoupez à 0,5 cm. Retournez sur l'endroit. Rabattez le biais vers le bas et piquez à 0,1 cm du bord.

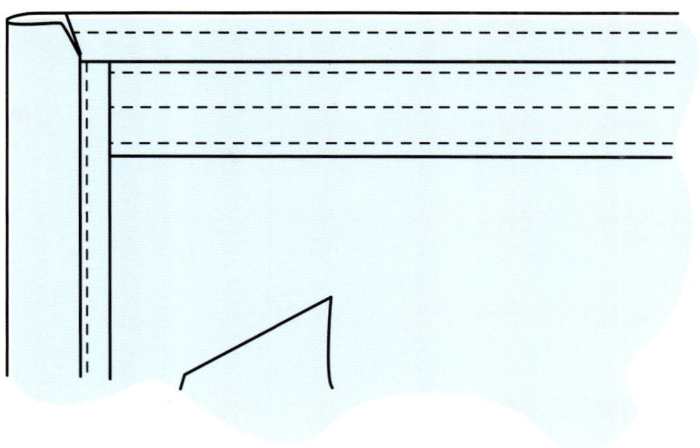

7. Posez les manches sur les épaules, endroit contre endroit. Piquez. Surfilez les coutures ensemble. Repassez les coutures vers les épaules. Surpiquez toutes les épaisseurs.

8. Retournez la tunique sur l'envers. Assemblez les côtés et les manches par une couture continue, endroit contre endroit. Surfilez les coutures ensemble. Retournez. Repassez.

9. Faites un rentré au fer de 0,5 cm puis un second de 1 cm au bas des manches et de la tunique. Piquez les ourlets.

10. Faites trois boutonnières sur la patte de boutonnage supérieure. Cousez les boutons en vis-à-vis sur la patte inférieure.

**Astuce**

Vous pouvez remplacer le boutonnage classique par un système de boutons-pression.

# Pantalon corsaire, Bruyère

## Fournitures

25 cm , 26 cm, 27 cm, 29 cm, 30 cm d'élastique perforé selon la taille

Nouettes : 2 biais de 4 cm x 62 cm, 64 cm, 65,5 cm, 67,5 cm, 69 cm selon la taille

## Métrage :

45 cm, 50 cm, 55 cm, 65 cm, 70 cm x 120 - 140 cm selon la taille

## Patron :

Le patron comprend 4 pièces : 2 devants, 2 dos.

**Patron planche 2**

**Difficulté :** ★ ★ assez facile

Indispensable pour passer l'été au grand air.

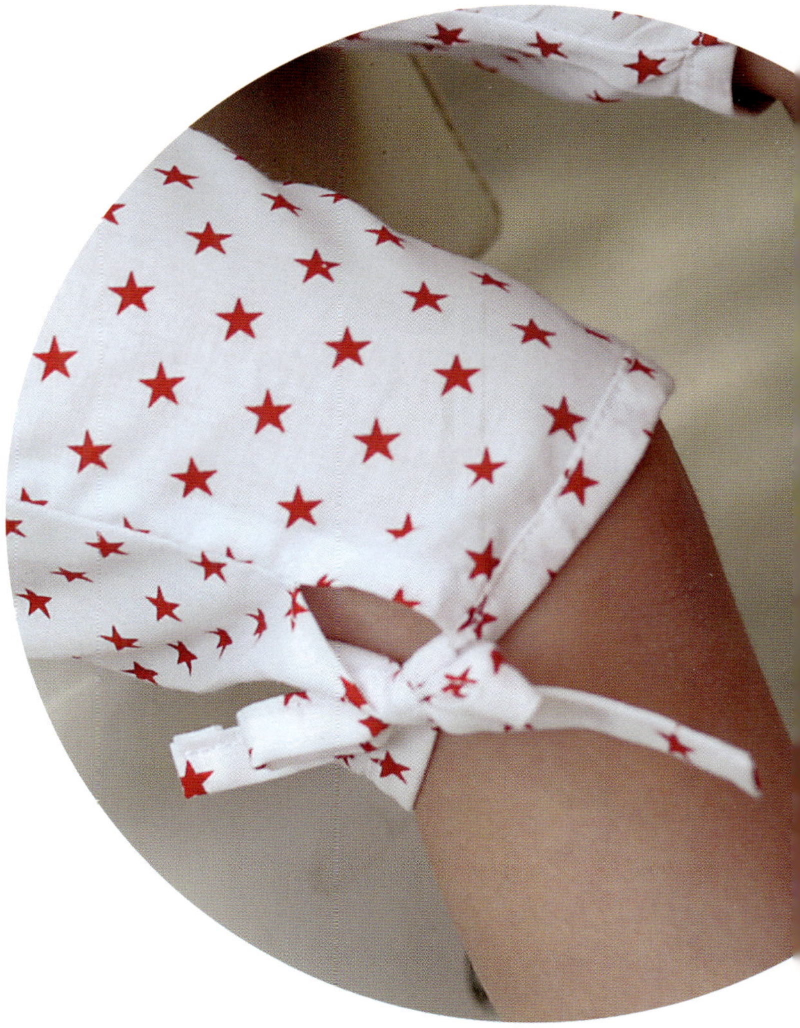

## Comment faire :

1. Assemblez les deux devants par le milieu, endroit contre endroit. Piquez, surfilez les deux coutures ensemble. Rabattez la couture au fer sur un côté. Surpiquez sur l'endroit en prenant toutes les épaisseurs. Faites de même pour les deux dos.

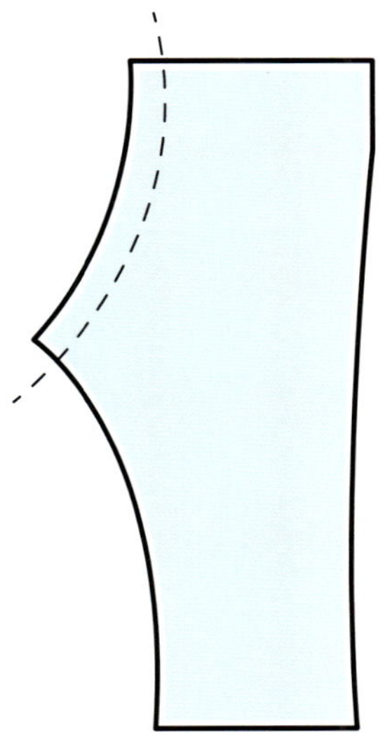

2. Surfilez les côtés devant et dos. Assemblez le devant au dos, endroit contre endroit, par les coutures de côté. Piquez, arrêtez la couture à 5 cm du bas. Ouvrez les coutures au fer. Surpiquez dans le surfil tout autour de la fente

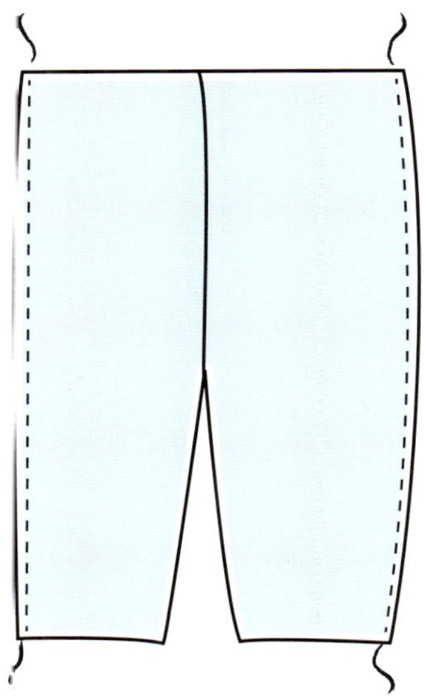

# Pantalon corsaire, Bruyère

3. Assemblez le devant au dos, endroit contre endroit, par la couture d'entrejambe. Commencez par épingler les extrémités, puis répartissez le tissu sur toute la longueur et faites correspondre la couture d'entrejambe. Surfilez les coutures ensemble.

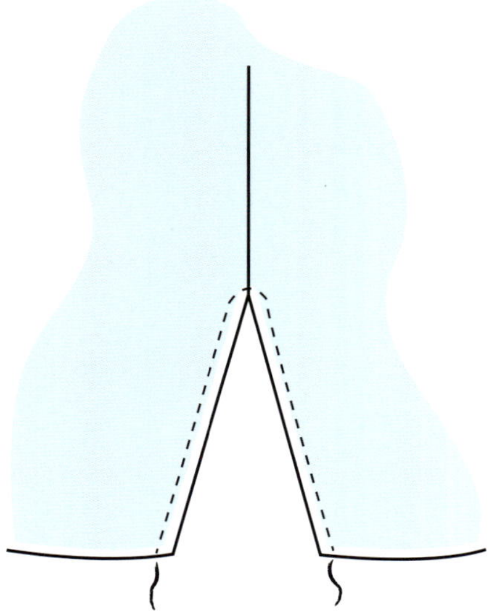

4. Formez le biais pour les nouettes : pliez chaque biais en deux dans le sens de la longueur. Repassez. Ouvrez. Rabattez un côté vers l'intérieur au niveau de la pliure du milieu.

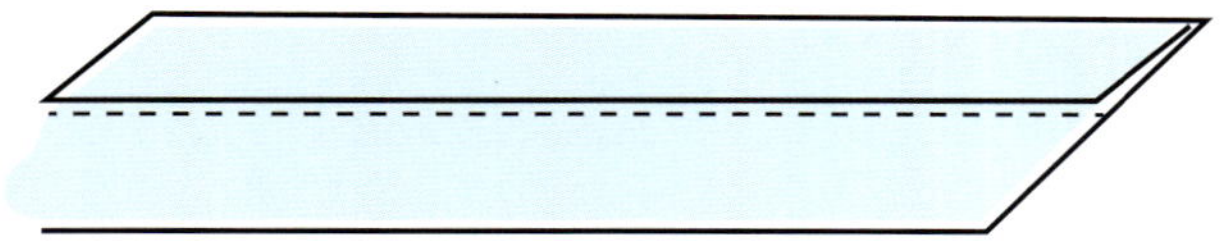

**Conseil**

Vous pouvez réaliser les nouettes avec un tissu contrasté.

5. Posez le biais ouvert endroit contre endroit sur le bas de la jambe en laissant dépasser 18 cm de biais de chaque côté de la fente. Piquez le bas de la jambe. Rabattez le biais vers l'extérieur. Faites un rentré à chaque extréminité et surpiquez sur toute la longueur du biais. Faites un nœud de rosette pour fermer la fente.

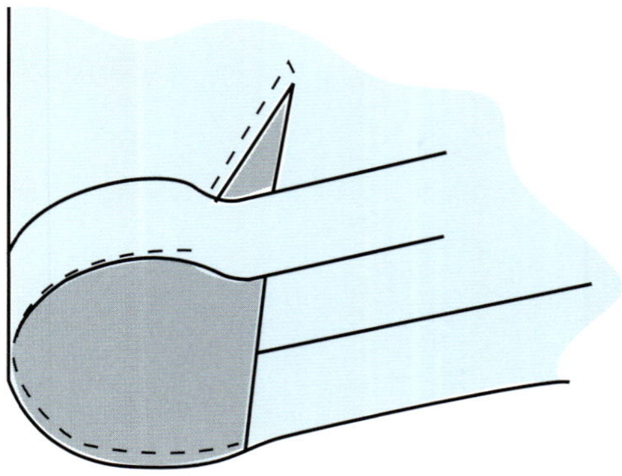

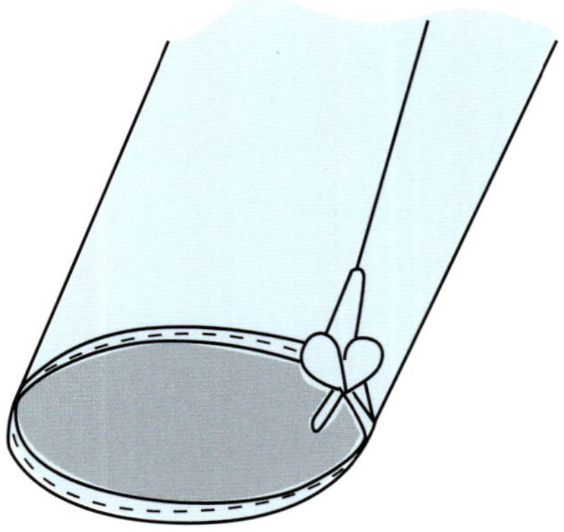

6. Marquez au fer un rentré de 1 cm au niveau de la ceinture, puis un second de 2,5 cm.

7. Faites deux boutonnières verticales et centrées de 2 cm sur la ceinture du dos intérieure, à 2,5 cm des côtés.

8. Fermez la ceinture par une couture au ras du premier rentré.

9. Cousez deux boutons à l'intérieur du pantalon dans la couture de côté de la ceinture pour maintenir l'élastique passé entre les deux boutonnières.

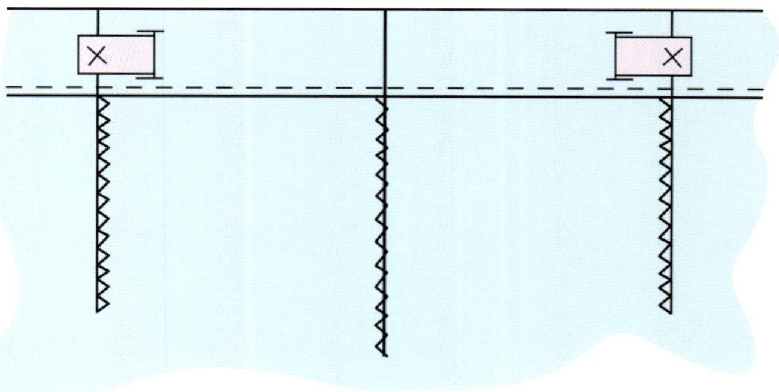

# Pantalon trompette, Mimosa

## Fournitures

2 boutons

25 cm, 26 cm, 27 cm, 29 cm, 30 cm d'élastique perforé selon la taille

## Métrage :

60 cm, 65 cm, 75 cm, 85 cm, 95 cm x 120 - 140 cm selon la taille

## Patron :

Le patron comprend 6 pièces : 2 devants, 2 dos, 2 poches.

**Patron planche 2**

**Difficulté :** ★ ★ assez facile

Pour avoir un air décontracté.

## Comment faire :

1. Assemblez les deux devants par le milieu, endroit contre endroit. Piquez, surfilez les deux coutures ensemble. Rabattez la couture au fer sur un côté. Surpiquez sur l'endroit en prenant toutes les épaisseurs. Faites de même pour les deux dos.

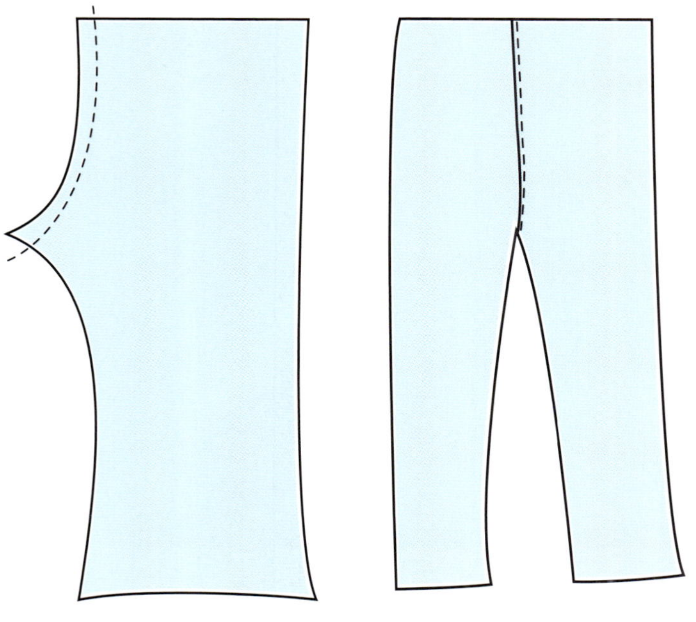

2. Assemblez le devant au dos, endroit contre endroit, par les coutures de côté. Commencez par épingler les extrém tés, puis répartissez le tissu sur toute la longueur. Piquez, surfilez les coutures ensemble.

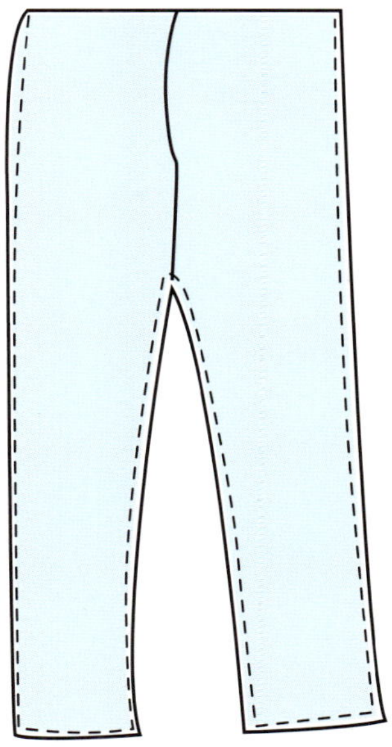

# Pantalon trompette, Mimosa

**3.** Préparez les poches plaquées : marquez au fer les deux pliures verticales. Piquez à 0,1 cm du bord de chaque pli. Ramenez chaque pli sur la ligne de milieu de poche et maintenez les plis par quelques points en bas et en haut de la poche. Surfilez tout autour. Marquez l'ourlet du haut de la poche au fer, puis piquez dans le surfil. Faites un rentré au fer de 1 cm tout autour. Posez la poche au niveau des genoux, le milieu de poche sur la couture de côté. Surpiquez à 0,2 cm du bord.

**4.** Assemblez le devant au dos, endroit contre endroit, par la couture d'entrejambe. Commencez par épingler les extrémités puis répartissez le tissu sur toute la longueur et faites correspondre la couture d'entrejambe. Piquez, surfilez les coutures ensemble.

**5.** Marquez au fer un rentré de 1 cm au niveau de la ceinture, puis un second de 2,5 cm.

**6.** Faites deux boutonnières verticales et centrées de 2 cm sur la ceinture du dos intérieure, à 2,5 cm des côtés.

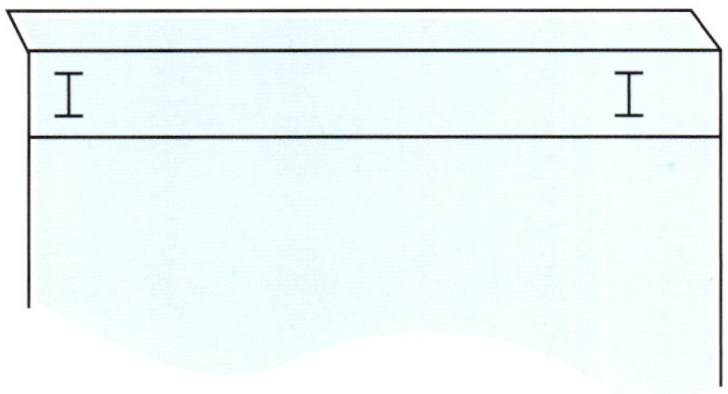

**7.** Fermez la ceinture par une couture au ras du premier rentré.

**8.** Cousez deux boutons à l'intérieur du pantalon dans la couture de côté de la ceinture pour maintenir l'élastique passé entre les deux boutonnières.

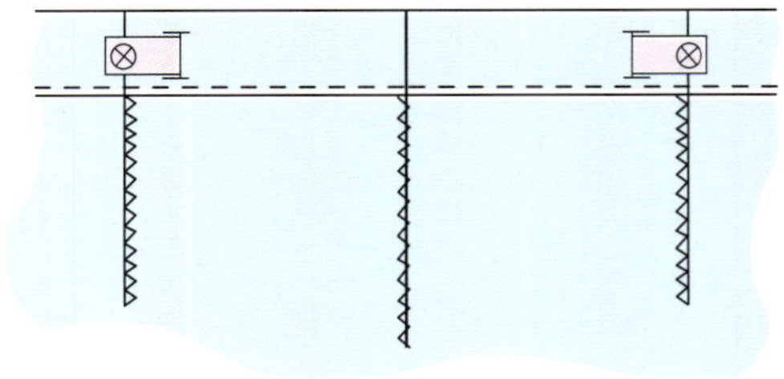

**9.** Faites un rentré au fer de 1 cm, puis un second au bas du pantalon.
Piquez l'ourlet.

**Astuce**

Vous pouvez également rajouter des poches plaquées au dos du pantalon.

# Jupe trapèze, Gentiane

## Fournitures

2 boutons

30 cm d'élastique perforé

1 fermeture à glissière (12 cm pour le 2 et 4 ans, 15 cm pour le 6, 8 et 10 ans)

## Métrage :

40 cm, 45 cm, 50 cm, 55 cm, 60 cm x 120 - 140 cm selon la taille

## Patron :

Le patron comprend 6 pièces : 1 devant, 1 dos, 2 ceintures devant, 2 ceintures dos.

**patrons planche 4**

**Difficulté :** ★ ★ assez facile

Presque comme les grandes...

## Comment faire :

**1.** Assemblez les ceintures devant par la couture du haut, endroit contre endroit. Piquez. Faites de même pour les ceintures du dos. Repassez.

**2.** Assemblez la ceinture de devant au devant de la jupe, endroit contre endroit, et la ceinture du dos au dos de la jupe. Piquez, repassez les coutures vers le haut.

**3.** Faites deux boutonnières verticales et centrées de 2 cm sur la ceinture du dos intérieure, à 4 cm du bord.

**4.** Surjetez les côtés dos et devant. Posez, endroit contre endroit, le dos sur le devant. Piquez du cran A au bas de la jupe. Passez un fil de bâti du cran A au haut du cran A'. Repassez couture ouverte.

**5.** Bâtissez la fermeture à glissière sur l'envers entre A et A'. Surpiquez sur l'endroit. Retirez les fils de bâti.

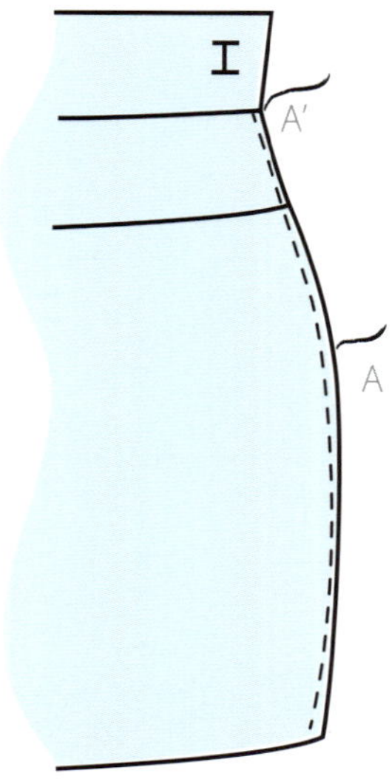


**6.** Assemblez le second côté. Ouvrez les coutures au fer. Retournez la jupe sur l'endroit.

**7.** Faites un rentré au fer de 1 cm sur le haut de la ceinture. Rabattez sur l'envers et maintenez la ceinture fermée par un bâti. Surpiquez tout autour.

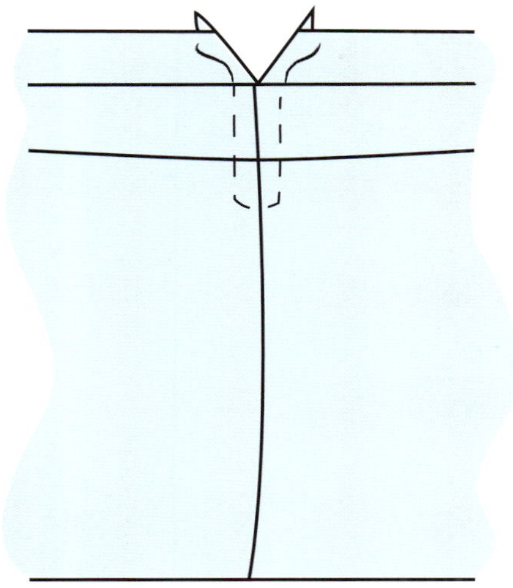

**8.** Surjetez le bas de la jupe. Faites un rentré au fer de 2 cm. Cousez l'ourlet à points coulés ou surpiquez.

**9.** Cousez les boutons entre la boutonnière et la couture de côté pour maintenir l'élastique passé dans la ceinture du dos.

**Idée**

Vous pouvez coudre un ruban contrasté pour cacher la surpiqûre de l'ourlet.

# Robe bain de soleil, Orchidée

## Fournitures

2 biais de 4 cm x 32,5 cm, 34,5 cm, 38,5 cm, 43 cm, 47 cm selon la taille

29 cm, 32 cm, 35 cm, 38 cm, 42 cm d'élastique de 0,5 cm selon la taille

## Métrage :

55 cm, 60 cm, 65 cm, 70 cm, 80 cm x 120 - 140 cm selon la taille

## Patron :

Le patron comprend 2 pièces : 1 devant, 1 dos.

**Patron planche 4**

**Difficulté :** ★ facile

La robe idéale pour les longues journées d'été ensoleillées.

**Idée**

Vous pouvez réaliser cette robe en utilisant un biais contrasté cont vous pourrez faire un rappel au bas de la robe.

## Comment faire :

**1.** Faites un rentré au fer de 0,5 cm puis un second de 1 cm sur le haut devant et dos. Piquez à 0,1 cm.

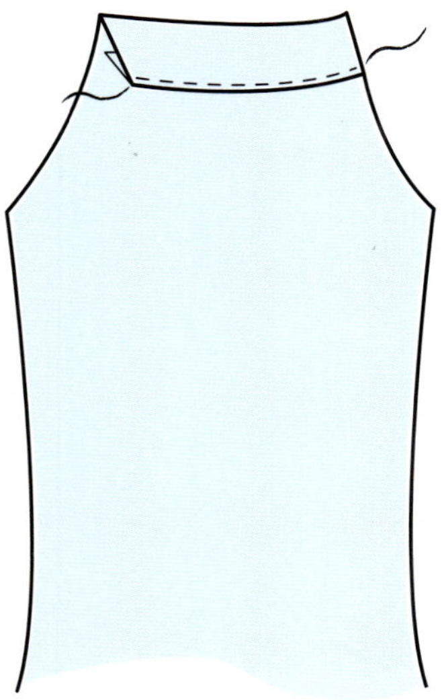

**2.** Coupez l'élastique en deux. Passez un élastique dans la couture du devant et le second dans la couture du dos. Maintenez les extrémités par quelques points.

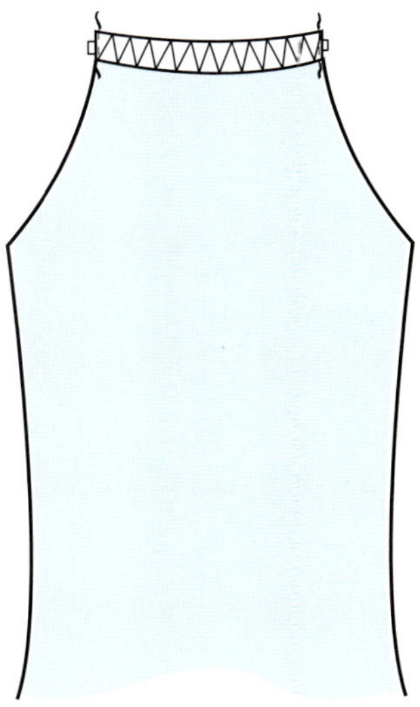

## Robe bain de soleil, Orchidée

**3.** Formez les biais : pliez chaque biais en deux dans le sens de la longueur. Repassez. Ouvrez. Rabattez un côté vers l'intérieur au niveau de la pliure du milieu.

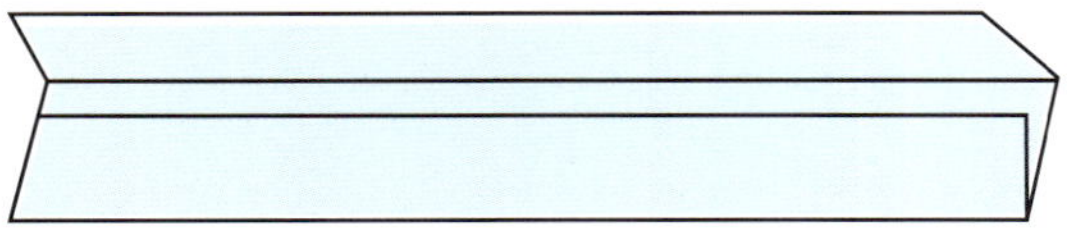

**4.** Posez l'extrémité d'un biais sur l'emmanchure devant, endroit contre endroit, piquez. Posez l'autre extrémité sur l'emmanchure dos, endroit contre endroit, piquez. Rabattez le biais sur l'envers. Repassez. Surpiquez sur toute la longueur du biais. Faites de même pour l'autre emmanchure.

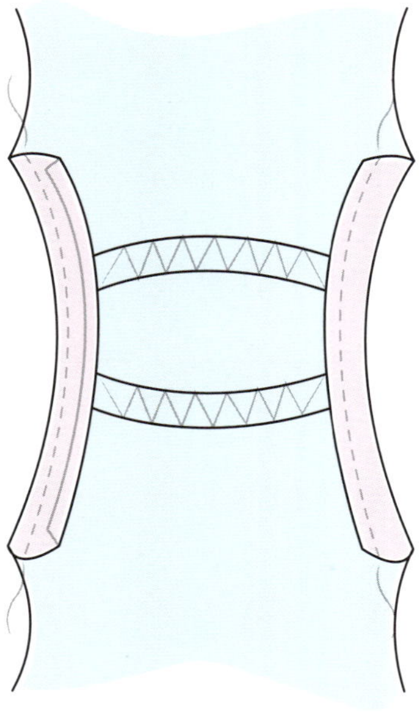

**5.** Assemblez les côtés, endroit contre endroit. Piquez. Surfilez les coutures ensemble.

**6.** Faites un rentré au fer de 0,5 cm puis un second de 1 cm au bas de la robe. Cousez l'ourlet à points coulés ou surpiquez.

# Tablier, Anémone

## Fournitures

petit modèle : 350 cm de biais préplié
grand modèle : 400 cm de biais préplié

## Métrage :

Un rectangle de 55 cm x 60 cm pour le petit modèle
Un carré de 70 cm x 70 cm pour le grand modèle

## Patron :

Le patron comprend 2 pièces : 1 tablier, 1 poche.
**Patron planche 2**

**Difficulté :** ★ facile

Pour tous les repas à préparer.

### Conseil

**Le tablier peut également être réalisé en toile cirée ou enduite.**

## Comment faire :

1. Pliez le biais en deux et repassez-le sur toute la longueur.

2. Posez le biais à cheval sur le haut de la poche, piquez. Faites un rentré de 1 cm au fer autour de la poche et cousez la poche sur l'emplacement indiqué.

3. Posez le biais autour du tablier de la même façon que précédemment, en commençant par le bas du tablier, puis d'un seul tenant le haut, le côté droit et 50 cm de lien ; enfin, 50 cm de lien, le côté gauche et le reste du lien. Faites un rentré de propreté à chaque extrémité des liens.

4. Terminez en faisant une boutonnière sur le côté droit dans laquelle vous passerez le lien pour régler le tour de cou. Assemblez les côtés, endroit contre endroit. Piquez. Surfilez les coutures ensemble.

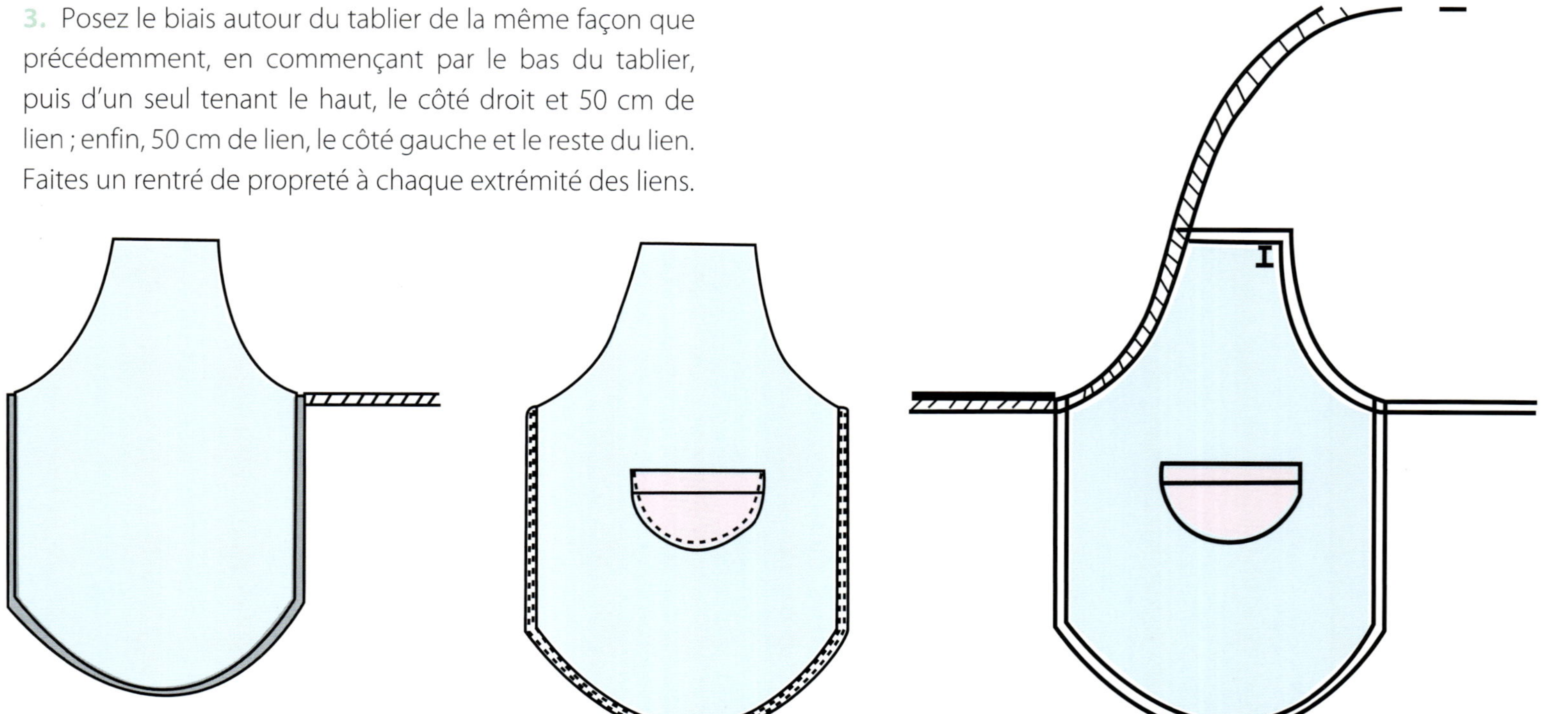

# Gilet, Jacinthe

## Fournitures

3 boutons et 5 cm de bride en tissu, ou 2 boutons et 50 cm de ruban

### Métrage :

2x40 cm, 45 cm, 50 cm, 55 cm x 120 - 140 cm selon la taille

### Patron :

Le patron comprend 7 pièces : 2 devants tissu, 2 devants doublure, 1 dos tissu, 1 dos doublure, 1 martingale tissu.

**Patrons planche 3**

**Difficulté :** ★ facile

À porter au masculin comme au féminin.

**Idée**

Vous pouvez agrémenter la martingale de surpiqûres tous les 0,5 cm ou supprimez-la totalement.

### Comment faire :

**1.** Assemblez les deux demi-devants en tissu au dos en tissu par les coutures d'épaules, endroit contre endroit. Piquez. Surfilez les coutures ensemble. Rabattez la couture au fer vers l'arrière. Faites de même pour la doublure et rabattez la couture vers l'avant. Surfilez le bas du gilet et de la doublure.

**2.** Posez la doublure sur le gilet, endroit contre endroit, en faisant correspondre les coutures d'épaules. Formez la bride en tissu et insérez-la sur le devant gauche vers l'intérieur (ou insérez 25 cm de ruban de chaque côté). Piquez le milieu du devant droit en partant du repère A, puis l'encolure et le milieu du devant gauche jusqu'au repère A. Piquez les emmanchures. Crantez-les ainsi que l'encolure et les arrondis.

**3.** Retournez le gilet sur l'endroit en faisant passer les côtés devant par l'intérieur des épaules. Repassez.

**4.** Assemblez les côtés du gilet et de la doublure, endroit contre endroit, en faisant correspondre la couture de dessous de bras. Piquez. Surfilez les coutures ensemble. Retournez sur l'endroit. Rabattez la couture au fer.

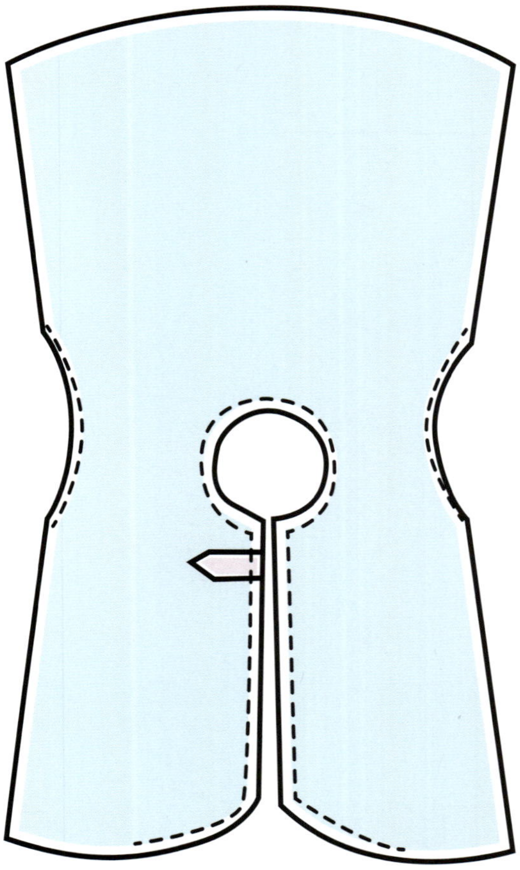

5. Faites un rentré au fer sur le bas du gilet et de la doublure. Piquez les ourlets ou cousez-les à points coulés.

6. Pliez la martingale en deux dans le sens de la longueur. Cousez les deux petits côtés et le bas en laissant quelques centimètres. Retournez par cette ouverture. Repassez. Fermez à points coulés.

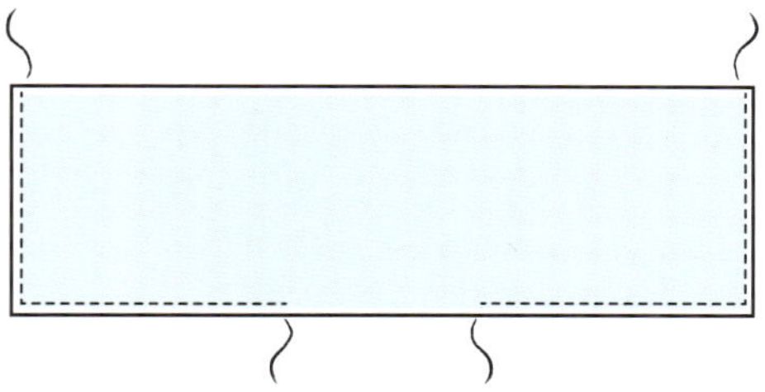

7. Posez la martingale sur le milieu du dos du gilet et maintenez-la aux extrémités par un bouton. Cousez un bouton à l'intérieur du côté droit en vis-à-vis de la bride.

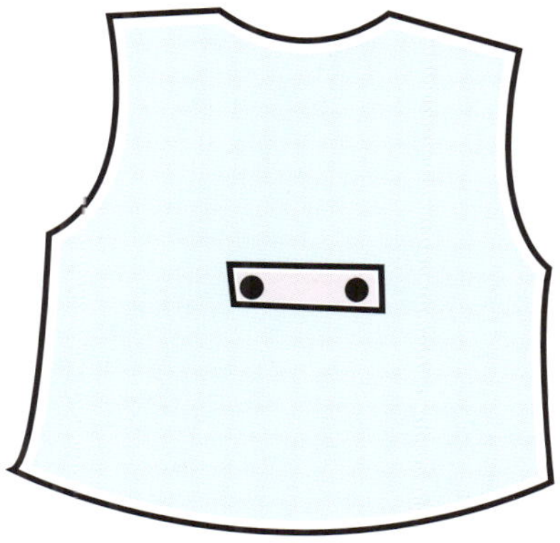

# Chemisette col officier, Myosotis

## Fournitures

6 boutons
3,5 cm x 35 cm de biais
20 cm de triplure

## Métrage :

90 cm, 95 cm, 100 cm, 105 cm, 110 cm x 120 - 140 cm selon la taille

## Patron :

Le patron comprend 9 pièces : 1 dos, 2 devants, 2 manches, 1 poche, 2 cols en tissu, 1 col en triplure.

**Patrons planche 3**

**Difficulté :** ★ ★ assez facile

Moins commun mais toujours aussi classique.

## Comment faire :

**1.** Assemblez le dos aux devants par les coutures d'épaules, endroit contre endroit. Surfilez les coutures ensemble. Repassez les coutures vers l'arrière. Surpiquez sur l'endroit à 0,1 cm de la couture. Surfilez les milieux des devants. Faites un premier rentré au fer de 2,5 cm puis un second.

**2.** Surfilez la poche. Pliez le haut de la poche envers contre envers. Piquez dans le surfil pour maintenir le revers. Préparez un rentré au fer de 1 cm tout autour de la poche. Posez-la sur le devant gauche et piquez à 0,1 cm tout autour.

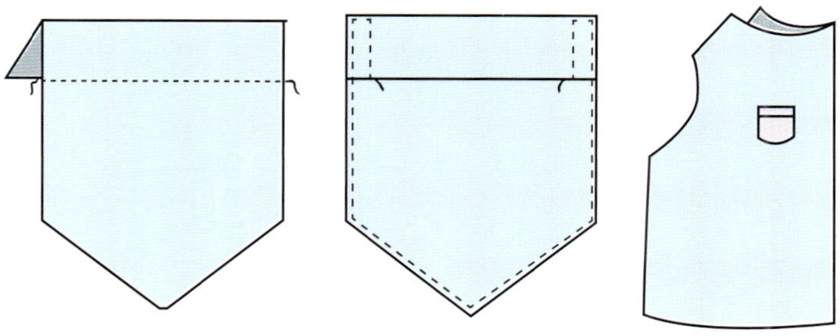

**3.** Collez la triplure sur l'envers d'un col. Posez les deux cols, endroit contre endroit. Piquez tout autour. Recoupez à 0,3 cm, crantez, retournez, repassez. Surpiquez à 0,1 cm du bord. Pliez le biais en deux dans le sens de la longueur. Repassez.

**4.** Posez le col sur l'encolure, endroit contre endroit, en faisant correspondre le milieu du col avec le milieu du dos. Rabattez les parmentures devant par-dessus le col, endroit contre endroit. Fiquez sur toute la longueur du col.

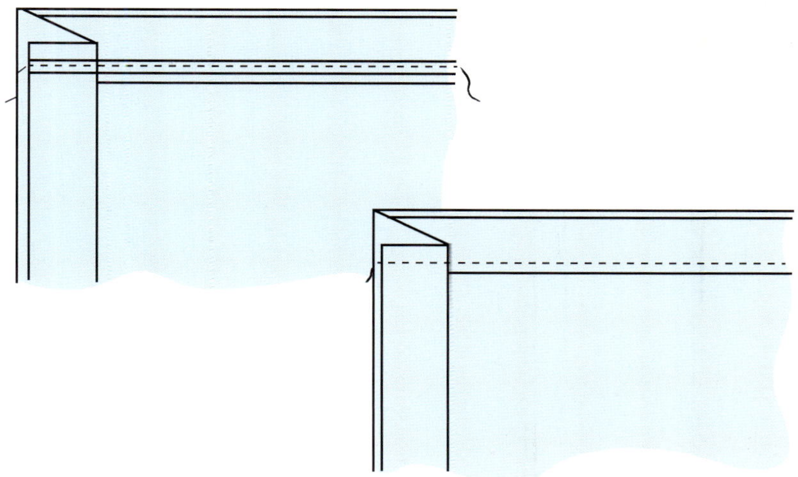

# Chemisette col officier, Myosotis

5. Posez le biais sur le col, la partie pliée vers le bas. Repiquez sur la couture précédente en prenant toutes les épaisseurs. Recoupez à 0,5 cm. Retournez sur l'endroit. Rabattez le biais vers le bas et piquez à 0,1 cm du bord.

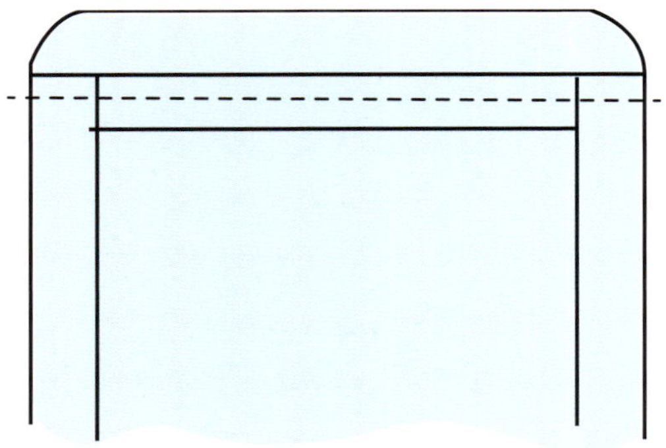

6. Posez les manches sur les épaules, endroit contre endroit, en prenant soin de bien étaler le tissu. Piquez. Surfilez les coutures ensemble. Repassez les coutures vers les épaules. Surpiquez à 0,1 cm de la couture.

7. Retournez la chemisette sur l'envers. Assemblez les côtés et les manches par une couture continue, endroit contre endroit. Surfilez les coutures ensemble. Retournez. Repassez.

8. Faites un rentré au fer de 3 cm au bas des manches puis un second. Piquez à 0,5 cm du bas. Dépliez le dernier rentré et repassez.

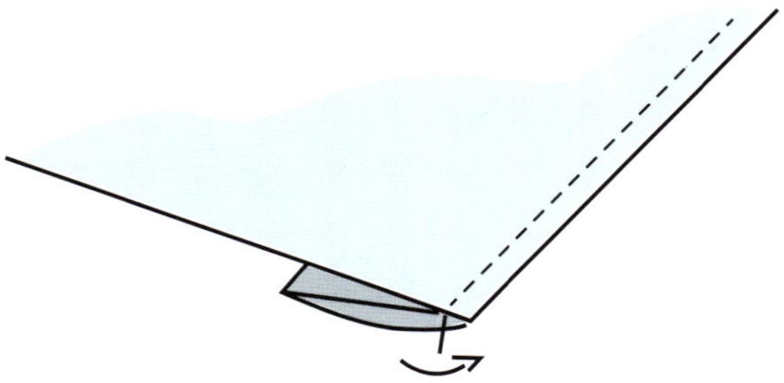

## À savoir

L'intérieur du col et le biais d'encolure peuvent être réalisés avec un tissu contrasté.

9. Faites un rentré au fer de 0,5 cm, puis un second de 1 cm au bas de la chemisette. Piquez l'ourlet.

10. Faites des boutonnières tous les 8 cm sur le devant gauche de la chemisette. Cousez les boutons en vis-à-vis sur le devant opposé.

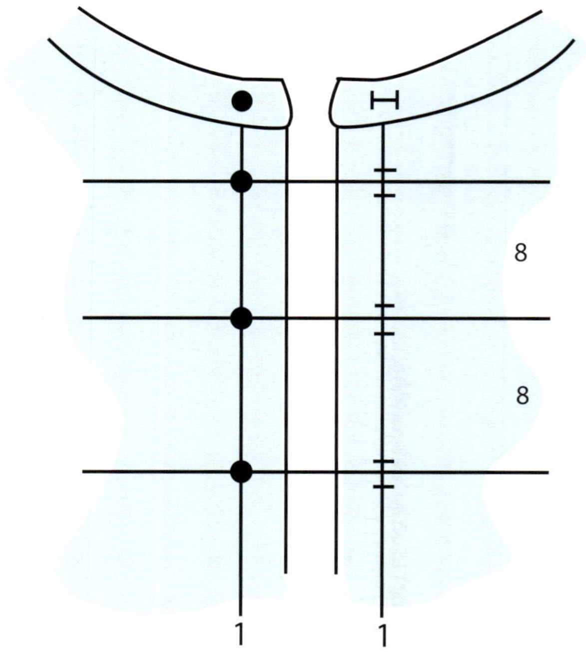

# Foulard carré et chèche, Camélia

## Métrage

55 cm x 55 cm pour le carré
130 cm x 45 cm pour le chèche

**Difficulté :** ★ facile

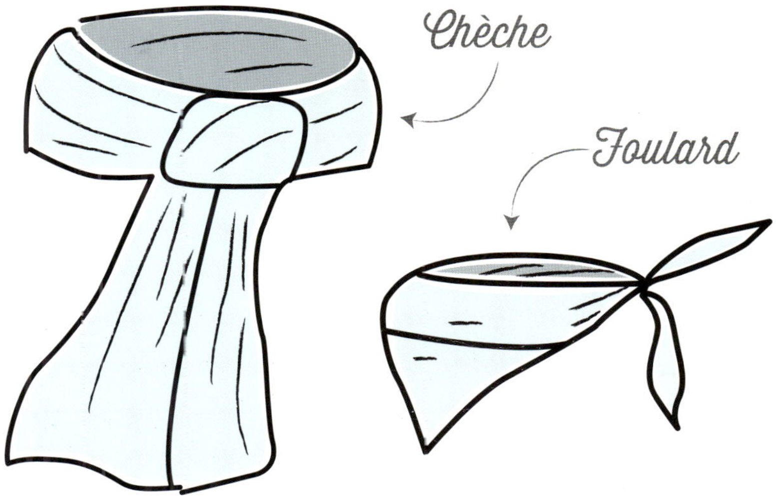


### Comment faire :

**1.** Faites un premier rentré au fer de 0,5 cm tout autour de la pièce de tissu puis un second de 0,8 cm.

**2.** Surpiquez à 0,5 cm du bord pour maintenir l'ourlet ou cousez à points coulés pour obtenir un ourlet invisible sur l'endroit.

**Astuce**

Vous pouvez utiliser du voile de coton ou vos chutes de tissu pour assortir les foulards à vos tenues. À porter au masculin comme au féminin.

# Mini short à pont, Agapanthe

## Fournitures

6 boutons de 2 cm de diamètre,

2 boutons de 1 cm de diamètre

30 cm, 31 cm, 32 cm, 33 cm, 34 cm d'élastique perforé selon la taille.

## Métrage :

60 cm, 65 cm, 70 cm, 75 cm, 80 cm x 120 – 140 selon la taille.

## Patron :

Le patron comprend 13 pièces : 2 devants, 2 côtés devant, 1 empiècement milieu devant, 4 ceintures devant, 2 dos, 2 ceintures dos.

**Patrons planche 1**

**Difficulté :** ★ ★ ★ difficile

**Temps de réalisation :** 3 heures

## À savoir

Vous pouvez insérer un croquet sur le pourtour du milieu devant lors de l'étape 6.

## Comment faire :

**1.** Pliez chaque dos endroit contre endroit en faisant correspondre les lignes B et B'. Piquez sur les lignes superposées. Rabattez les pinces au fer vers le milieu.

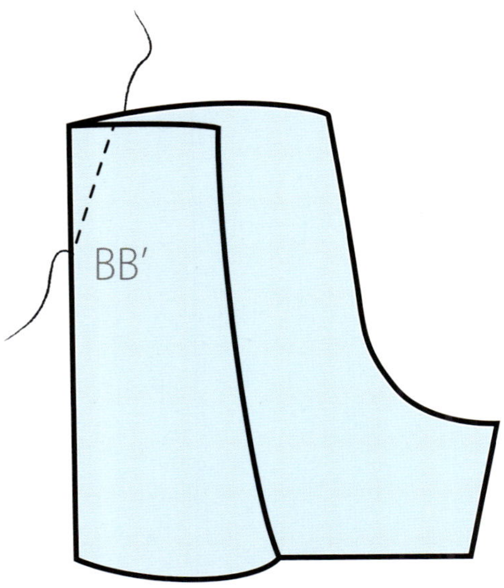


**2.** Assemblez les 2 dos par le milieu, endroit contre endroit. Piquez, surfilez les coutures ensemble. Rabattez la couture au fer sur un côté. Surpiquez à 1 mm sur l'endroit en prenant toutes les épaisseurs.

**3.** Assemblez les ceintures dos par la partie supérieure, endroit contre endroit, piquez, rabattez la couture au fer.

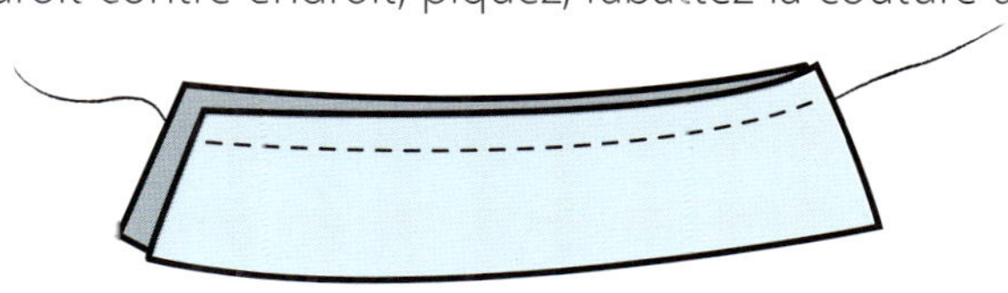

Cousez 2 boutonnières verticales et centrées de 2 cm sur la ceinture dos intérieur, à 4 cm des côtés.

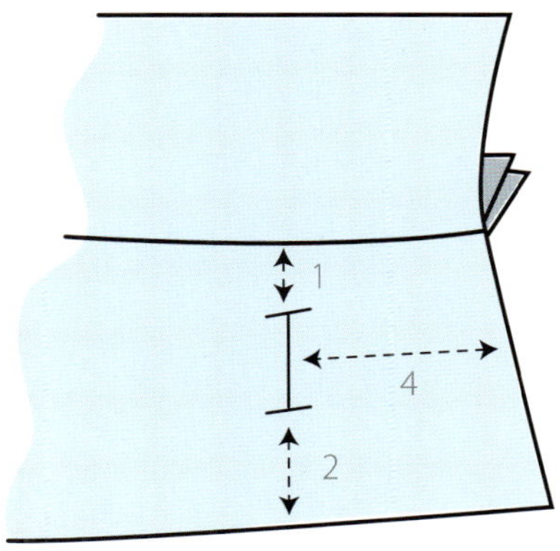

4. Posez la ceinture dos sur le dos, endroit contre endroit. Piquez.

5. Assemblez les 2 devants par le milieu, endroit contre endroit. Piquez, surfilez les coutures ensemble. Rabattez la couture au fer sur un côté.

6. Surfilez le bas de l'empiècement milieu devant. Posez endroit contre endroit le milieu devant et l'empiècement milieu devant. Piquez ensemble les côtés et le haut. Crantez, coupez les angles. Rabattez sur l'endroit. Repassez.

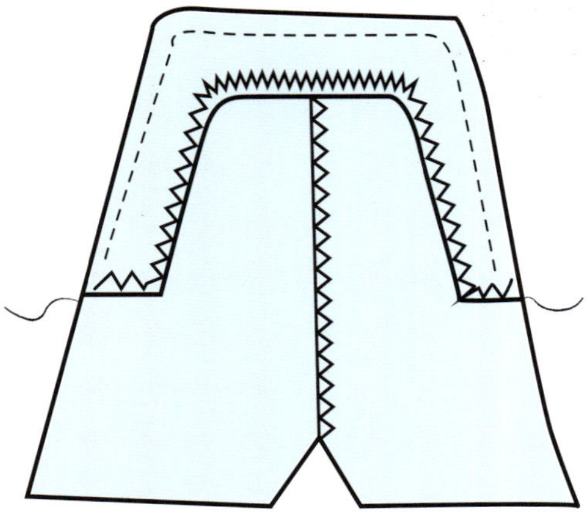

7. Surfilez puis pliez les côtés devant envers contre envers en suivant la ligne de pliure. Repassez.

8. Assemblez les ceintures devant côté droit, endroit contre endroit par la partie supérieure, piquez, rabattez la couture au fer. Faites de même pour les ceintures devant côté gauche.

9. Posez la ceinture devant côté droit sur le côté droit, endroit contre endroit. Piquez. Faites de même pour le côté gauche (la ceinture dépasse d'1 cm devant).

10. Assemblez chaque côté devant au milieu devant, endroit contre endroit. Piquez du bas de la jambe jusqu'à l'extrémité de la parmenture en passant par le point A. Surfilez les coutures ensemble. Rabattez les coutures au fer vers le milieu devant.

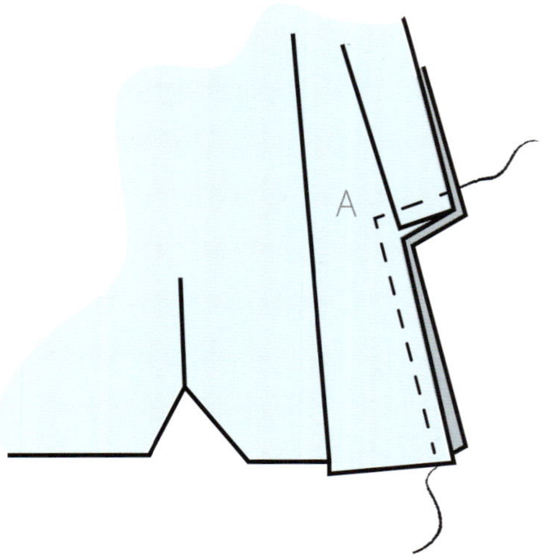

**11.** Sur l'endroit, surpiquez à 1 mm le pourtour de la partie centrale jusqu'aux points A. Faites une surpiqûre parallèle de chaque côté, à 4 cm du bord jusqu'à la hauteur des points A. Puis faire une dernière surpiqûre pour rejoindre le bas des deux précédentes mais en prenant cette fois toutes les épaisseurs (milieu devant et côté devant).

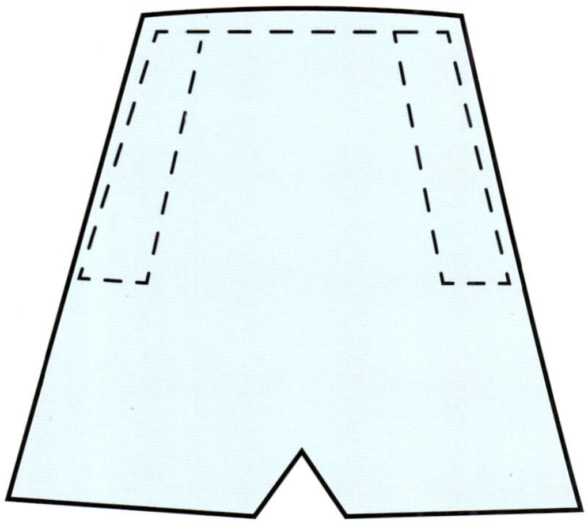

**12.** Assemblez le devant au dos, endroit contre endroit par les coutures de côté. Piquez, surfilez les coutures ensemble.

**13.** Faites un rentré au fer de 1 cm sur le haut de la ceinture. Repliez la ceinture endroit contre endroit. Piquez les côtés. Rabattez sur l'envers. Repassez. Fermez la ceinture en surpiquant à 1 mm tout autour sur l'endroit.

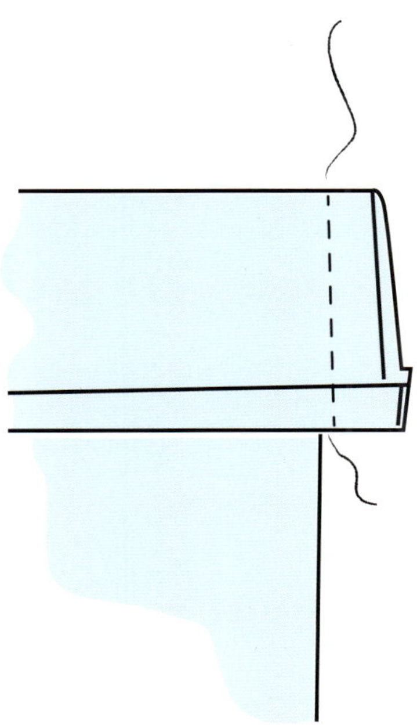

**14.** Surfilez le bas du short. Assemblez les devant et dos endroit contre endroit par la couture d'entrejambe. Surfilez les coutures ensemble.

**15.** Pour l'ourlet, faites un rentré au fer de 2 cm au bas des jambes. Piquez dans le surfil.

**16.** Faites 6 boutonnières horizontales sur le devant à 1 cm du bord.

**17.** Cousez les boutons en vis-à-vis sur les côtés devant.

**18.** Cousez les boutons à l'intérieur de la ceinture dos entre les boutonnières et les coutures de côté.

**19.** Passez l'élastique dans la ceinture dos et maintenez-le par quelques points au niveau de la couture du côté. Ajuster l'élastique à la taille.

# Pour les Fêtes

Des enfants toujours impeccables et pétillants.

## À savoir

Les tenues sont plus apprêtées. Le choix des tissus (velours lisses, tissus soyeux, taffetas...) ajoute une note d'élégance.

# Robe de cortège, Clématite

## Fournitures

5 boutons

Facultatif : 100 cm, 110 cm, 120 cm, 130 cm, 140 cm de biais ou croquet selon la taille

## Métrage :

100 cm, 110 cm, 130 cm, 140 cm, 150 cm x 120 - 140 cm selon la taille

50 cm de doublure

## Patron :

Le patron comprend 9 pièces : 1 corsage devant en tissu, 1 corsage devant en doublure, 2 demi-corsages dos en tissu, 2 demi-corsages dos en doublure, 1 jupe devant, 2 demi-jupes dos.

**Patrons planche 1**

**Difficulté :** ★ ★ ★ difficile

Les demoiselles pourront défiler comme des princesses !

## À savoir

**Le pli religieuse permet de cacher la couture de l'ourlet.**
**Il permet également de raccourcir une robe ou une jupe.**

## Comment faire :

**1.** Assemblez le devant du corsage aux dos par les coutures d'épaules, endroit contre endroit. Piquez. Surfilez les coutures ensemble. Rabattez la couture au fer vers l'arrière. Faites de même pour la doublure du corsage et rabattez la couture vers l'avant.

**1bis.** Facultatif. Posez un passepoil ou un croquet sur l'endroit à 1 cm du bord autour de l'encolure et des emmanchures, piquez.

**2.** Posez la doublure sur le corsage, endroit contre endroit, en faisant correspondre les coutures d'épaules. Piquez l'encolure et les emmanchures. Crantez-les ainsi que les arrondis.

**3.** Retournez le corsage sur l'endroit en faisant passer les côtés dos par l'intérieur des épaules. Repassez.

**4.** Assemblez les côtés du corsage et de la doublure, endroit contre endroit, en faisant correspondre la couture de dessous de bras. Piquez. Surfilez les coutures ensemble. Retournez sur l'endroit. Repassez.

**5.** Surfilez les milieux de dos de la jupe. Assemblez les deux dos, endroit contre endroit, du point A au bas de la jupe. Formez au fer les rentrés sur les parmentures. Faites une piqûre perpendiculaire au niveau du point A pour maintenir les parmentures ensemble. Rabattez la couture au fer sur le côté gauche pour superposer les parmentures.

**6.** Assemblez le devant de la jupe au dos par les coutures de côté. Surfilez les coutures ensemble.

**7.** Passez un fil de fronces tout autour de la ceinture de la jupe. Assemblez la jupe au corsage du devant, endroit contre endroit, en répartissant les fronces et en faisant correspondre les coutures de côté.

**8.** Faites un rentré au fer de 1 cm au bas de la doublure du corsage. Fermez à points coulés ou surpiquez sur l'endroit.

**9.** Surfilez le bas de la robe. Faites un premier rentré au fer de 8 cm puis un second. Piquez à 1 cm du bas. Rabattez sur l'endroit et repassez le pli vers le bas.

**10.** Faites quatre boutonnières sur le milieu du dos supérieur. Cousez les boutons en vis-à-vis sur le milieu du dos inférieur.

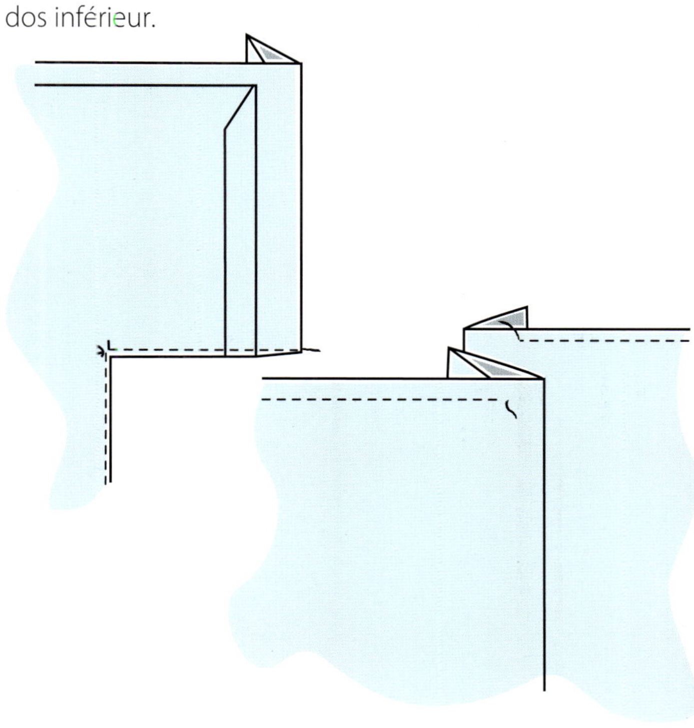

# Collier, Pervenche

## Fournitures

9 pompons en laine feutrée de 2,5 cm de diamètre

## Métrage :

10 x 180 cm

**Difficulté :** ★ facile

L'accessoire indispensable des petites filles.

## Comment faire :

1. Pliez la bande de tissu, endroit contre endroit, dans le sens de la longueur. Piquez sur toute la longueur de façon à former un tube. Retournez.
2. Insérez une perle au milieu du tube et faites un nœud simple de chaque côté avec le tissu de façon à enfermer la perle.
3. De la même façon, insérez les autres perles de chaque côté et enfermez-les avec un nœud.
4. Faites un rentré de 1 cm à chaque extrémité. Surpiquez ou fermez à points coulés. Repassez la partie ruban.
5. Fermez le collier par un nœud de rosette.

**Astuce**

Vous pouvez remplacer les pompons de laine feutrée par des billes.

# Robe dos pétale, Amaryllis

## Fournitures

5 boutons

### Métrage :

65 cm, 70 cm, 80 cm, 90 cm, 100 cm x 120 cm - 140 cm de tissu selon la taille

Même métrage pour la doublure

### Patron :

Le patron comprend 6 pièces : 1 demi-dos droit en tissu, 1 demi dos pétale en tissu, 1 demi dos droit en doublure, 1 demi dos pétale en doublure, 1 devant en tissu, 1 devant en doublure

**Patrons planche 1**

**Difficulté :** ★ ★ assez facile

La plus belle du jour...

**Idée**

Vous pouvez agrémenter le devant par un nœud, des boutons...

## Comment faire :

**1.** Assemblez le devant aux dos par les coutures d'épaules, endroit contre endroit. Piquez. Surfilez les coutures ensemble. Rabattez la couture au fer vers l'arrière. Faites de même pour la doublure et rabattez la couture vers l'avant. Surfilez le bas de la robe et de la doublure.

**2.** Posez la doublure sur la robe, endroit contre endroit, en faisant correspondre les coutures d'épaules. Marquez les arrondis à la craie ou au crayon sur l'envers du côté gauche de la doublure du dos. Piquez le milieu du dos droit en partant du bas de la robe, puis l'encolure et le milieu du dos gauche. Faites une piqûre perpendiculaire aux coutures de milieu du dos à la hauteur de l'ourlet sur 5 cm. Piquez les emmanchures. Recoupez le tour des pétales à 0,5 cm de la piqûre. Crantez les emmanchures, l'encolure et les arrondis.

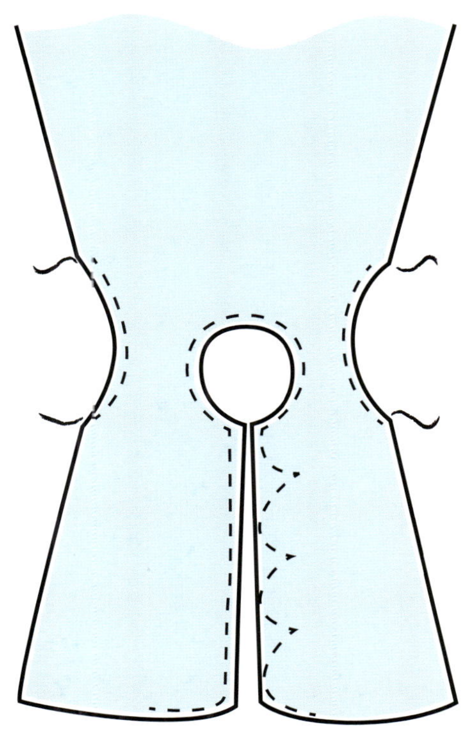

# Robe dos pétale, Amaryllis

**3.** Retournez la robe sur l'endroit en faisant passer les côtés du dos par l'intérieur des épaules. Repassez.

**4.** Assemblez les côtés de la robe et de la doublure, endroit contre endroit, en faisant correspondre la couture de dessous de bras. Piquez. Surfilez les coutures ensemble. Retournez sur l'endroit. Rabattez la couture au fer.

**5.** Faites un rentré au fer sur le bas de la robe et de la doublure. Piquez les ourlets ou cousez-les à points coulés.

**6.** Faites une surpiqûre sur l'endroit à 0,5 cm du bord autour des emmanchures, le long du milieu du dos dessous et autour du col.

**7.** Faites les boutonnières et cousez en vis-à-vis.

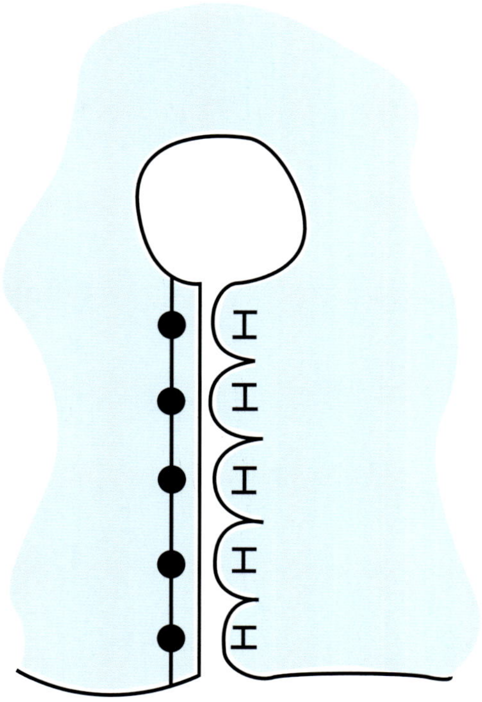

# Chemise double boutonnage, Lilas

## Fournitures

8 à 10 boutons

Un biais de 3,5 cm x 33 cm, 34,5 cm, 35,5 cm, 37,5 cm, 38 cm selon la taille

20 cm de triplure

## Métrage :

90 cm, 95 cm, 100 cm, 105 cm, 110 cm x 120 - 140 cm selon la taille

## Patron :

Le patron comprend 9 pièces : 1 dos, 1 empiècement dos, 2 demi-devants, 2 manches, 2 cols en tissu, 1 col en triplure.

**Patrons planche 3**

**Difficulté :** ★ ★ ★ difficile

La chemise pour les grandes occasions.

## Comment faire :

**1.** Assemblez le dos à l'empiècement du dos, endroit contre endroit. Piquez. Surfilez les coutures ensemble. Rabattez la couture vers le haut du dos et surpiquez à 0,1 cm de la couture.

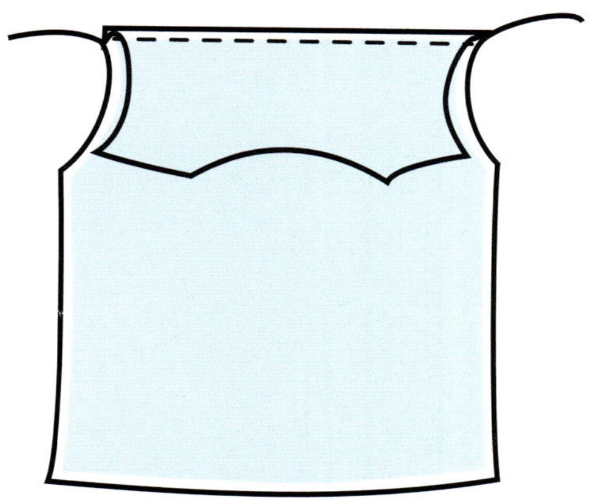

**2.** Assemblez le dos aux devants par les coutures d'épaules, endroit contre endroit. Surfilez les coutures ensemble et repassez-les vers l'arrière. Surfilez les milieux devant. Pliez envers contre envers entre A et A' pour former la parmenture. Repassez.

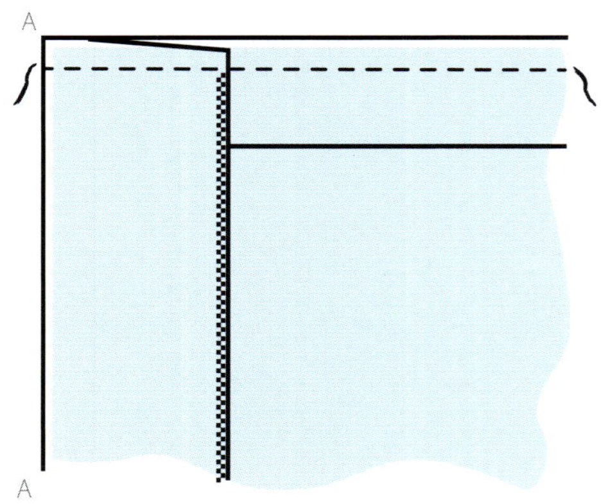


**3.** Collez la triplure sur l'envers d'un col. Posez les deux cols, endroit contre endroit. Piquez tout autour. Recoupez à 0,3 cm, crantez, retournez, repassez. Surpiquez à 0,1 cm du bord. Pliez le biais en deux dans le sens de la longueur. Repassez.

# Chemise double boutonnage, Lilas

## À savoir

**Vous pouvez choisir entre un col pointu ou un col rond.**

**4.** Posez le col sur l'encolure, endroit contre endroit, en faisant correspondre le milieu du col avec le milieu du dos. Rabattez les parmentures devant par-dessus le col, endroit contre endroit. Piquez sur toute la longueur du col.

**5.** Posez le biais sur le col, la partie pliée vers le bas. Repiquez sur la couture précédente en prenant toutes les épaisseurs. Recoupez à 0,5 cm. Retournez sur l'endroit. Rabattez le biais vers le bas et piquez à 0,1 cm du bord.

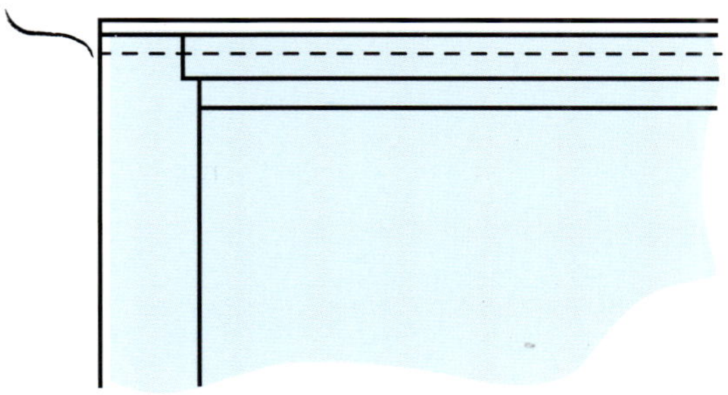

**6.** Posez les manches sur les épaules, endroit contre endroit, en prenant soin de bien étaler le tissu. Piquez. Surfilez les coutures ensemble et repassez-les vers les épaules. Surpiquez à 0,1 cm de la couture.

**7.** Retournez la chemise sur l'envers. Assemblez les côtés et les manches par une couture continue, endroit contre endroit. Surfilez les coutures ensemble. Retournez. Repassez.

**8.** Faites un rentré au fer de 0,5 cm, puis un second de 1 cm au bas des manches et de la chemise. Piquez les ourlets.

**9.** Faites des boutonnières à 1 cm du bord tous les 7 ou 8 cm sur le devant gauche et cousez les boutons en vis-à-vis sur le devant droit, en faisant correspondre les milieux devant. Faites une boutonnière sur le devant droit à 1 cm des bords et cousez le bouton en vis-à-vis à l'intérieur du devant gauche. Cousez la deuxième rangée de boutons de façon symétrique sur le devant gauche.

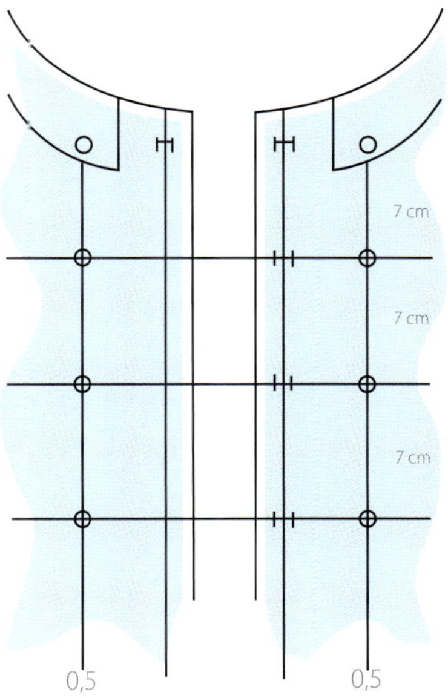

# Ceinture plissée, Papyrus

## Fournitures

10 cm de bande Velcro de 2 cm de large

## Métrage :

50 cm de tissus x 120 - 140 cm selon la taille

10 cm d'entoilage

## Patron :

Le patron comprend 4 pièces : 1 recto en tissu, 1 verso en tissu, 1 verso en triplure, 1 passant.

**Patron planche 3**

**Difficulté :** ★ facile

Les damoiseaux seront aussi élégants que les damoiselles !

## Comment faire :

1. Cousez quatre plis de 1,5 cm en faisant correspondre les repères AA', BB', CC', DD'. Repassez les plis vers le bas, entoilez sur l'envers pour maintenir les plis.

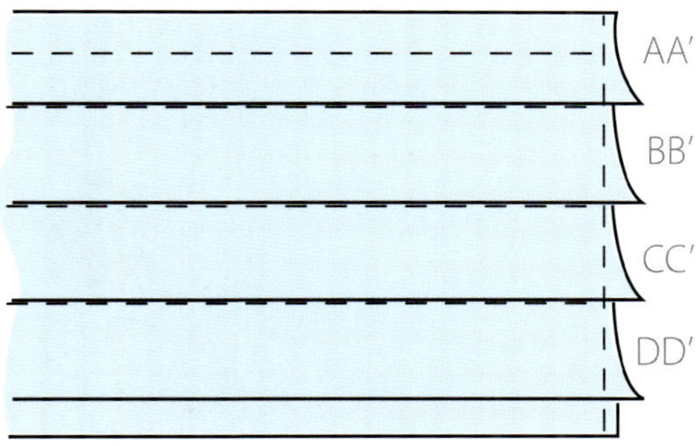


2. Faites un passant de 10 cm x 1 cm.

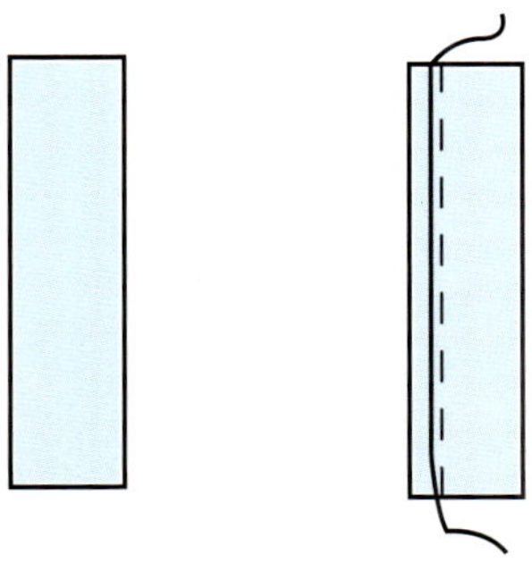

3. Posez, endroit contre endroit, les côtés recto et verso ; intercalez le passant à 2 cm du bord. Piquez, ouvrez la couture puis surpiquez à 0,1 cm sur le côté verso en prenant toutes les épaisseurs.

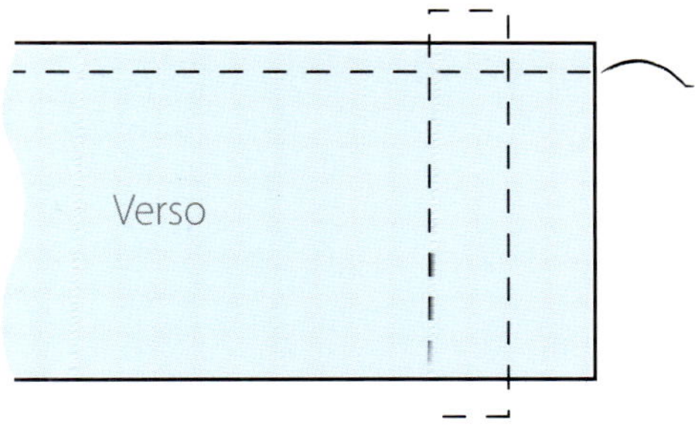


4. Cousez deux Velcro de 5 cm à l'horizontale sur le côté verso de la ceinture.

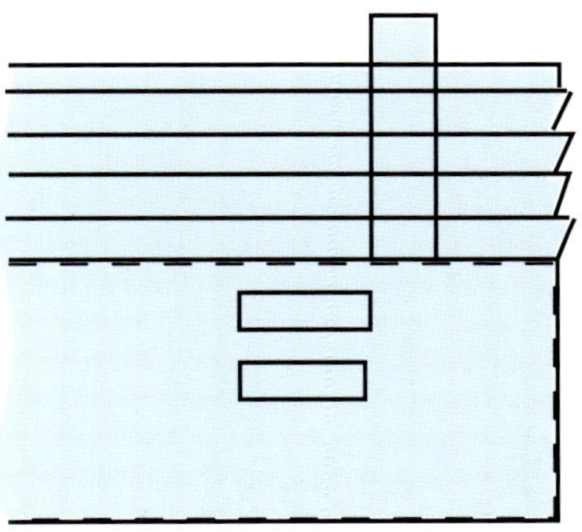

# Ceinture plissée, Papyrus

## À savoir

La ceinture est réglable et s'adapte donc à tous les tours de taille.

5. Assemblez la ceinture par les côtés, endroit contre endroit. Retournez, repassez et faites un rentré de 1 cm.

6. Fermez le bas par une surpiqûre sous le dernier pli en intercalant le passant.

7. Cousez le Velcro correspondant de 5 cm à la verticale sur le côté recto à 2 cm du bord.

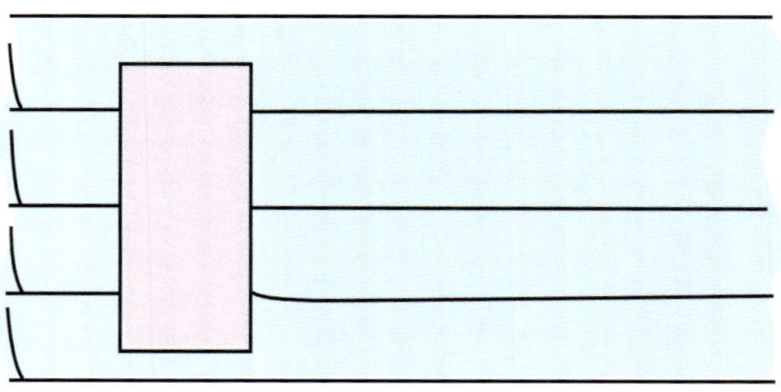

# Bermuda, Altéa

## Fournitures

2 boutons

32 cm, 34 cm, 36 cm, 38 cm, 40 cm d'élastique perforé selon la taille

## Métrage :

55 cm, 60 cm, 65 cm, 70 cm, 75 cm x 120 - 140 cm selon la taille

## Patron :

Le patron comprend 6 pièces : 2 devants, 2 dos, 1 ceinture devant, 1 ceinture dos.

**Patron planche 3**

**Difficulté :** ★ ★ assez facile

Pour avoir toujours la tenue de circonstance.

## À savoir

**La couture de maintien au ras du pli permet de garder une tenue impeccable.**

## Comment faire :

**1.** Pliez chaque devant, envers contre envers, entre les repères A'et P. Repassez. Piquez à 0,1 cm. Faites de même pour les deux dos entre C et P.

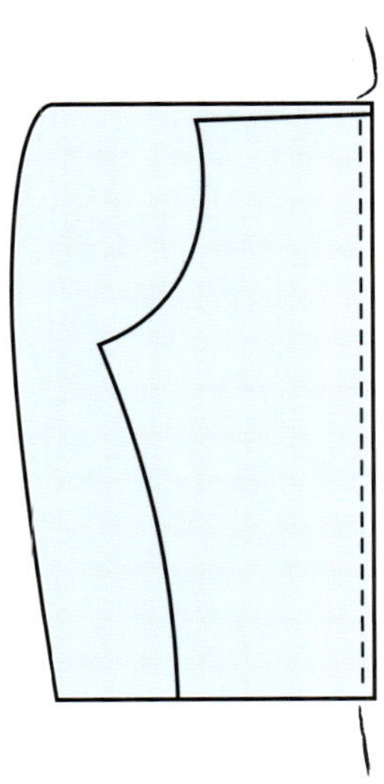

**2.** Assemblez les deux devants par le milieu, endroit contre endroit. Piquez, surfilez les coutures ensemble. Rabattez la couture au fer sur un côté. Surpiquez à 0,1 cm sur l'endroit en prenant toutes les épaisseurs. Faites de même pour les deux dos.

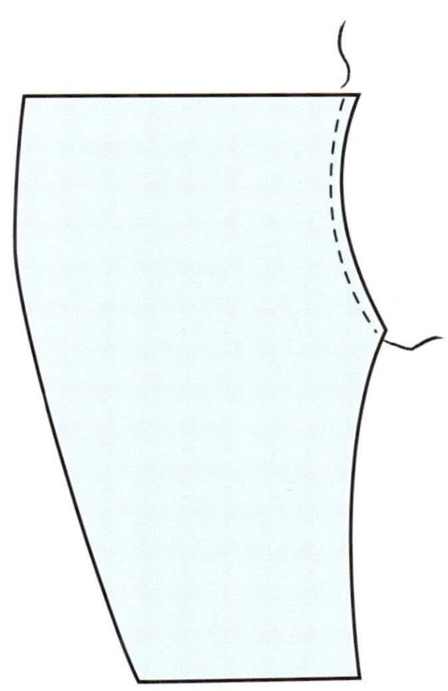

# Bermuda, Altéa

**3.** Formez les plis devant : pliez le tissu, endroit contre endroit, en faisant correspondre les crans BB' et faites une piqûre verticale jusqu'au repère. Rabattez les plis vers l'extérieur. Faites correspondre A et A'. Surpiquez dans la piqûre sur 3 cm pour maintenir le pli.

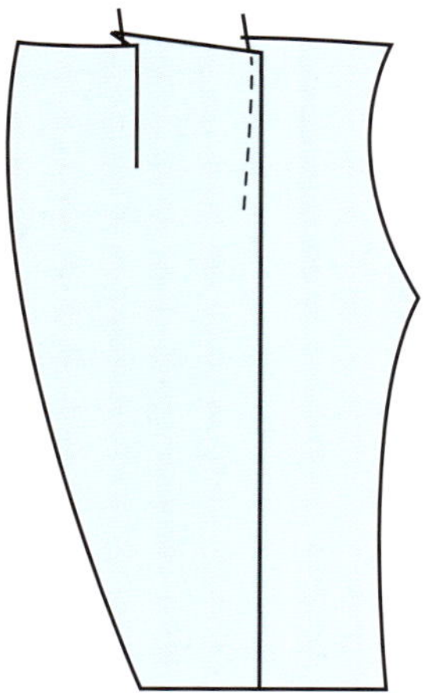

**4.** Posez la ceinture devant sur le devant, endroit contre endroit. Piquez. Rabattez la ceinture sur l'endroit. Repassez la couture vers le haut. Faites de même pour la ceinture dos. Faites deux boutonnières verticales et centrées de 2 cm sur la ceinture dos intérieure, à 4 cm des côtés.

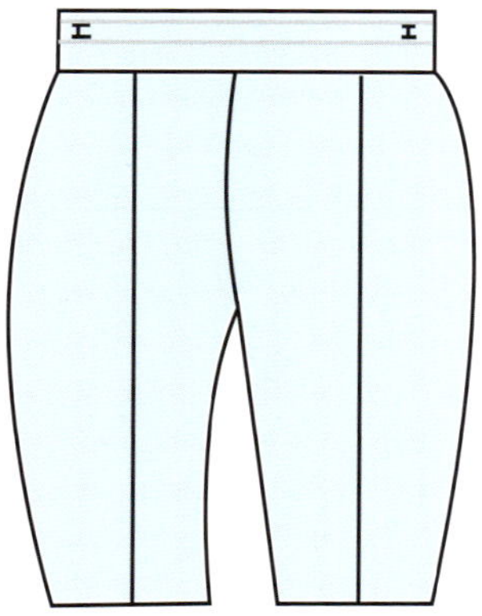

**5.** Assemblez les devants et dos, endroit contre endroit, par les coutures de côté. Piquez, surfilez les coutures ensemble.

**6.** Surfilez le haut de la ceinture. Rabattez sur l'envers. Repassez. Sur l'endroit, surpiquez dans la couture au ras de la ceinture.

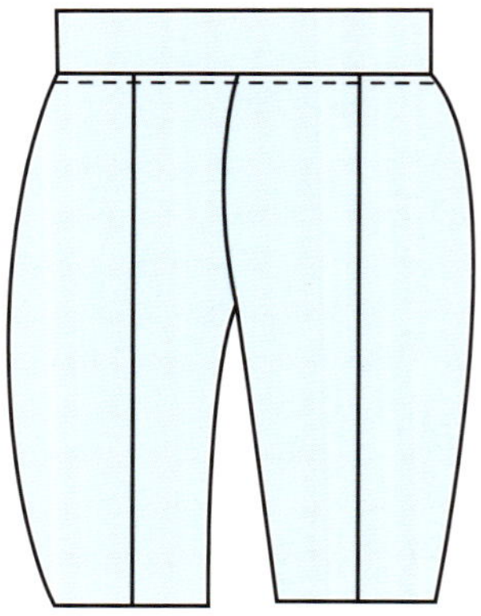

**7.** Assemblez les devants et dos, endroit contre endroit, par la couture d'entrejambe. Surfilez les coutures ensemble.

**8.** Surfilez le bas du bermuda. Faites un premier rentré au fer de 3,5 cm, puis un second. Piquez à 0,5 cm du bas. Rabattez sur l'endroit et repassez le pli vers le haut.

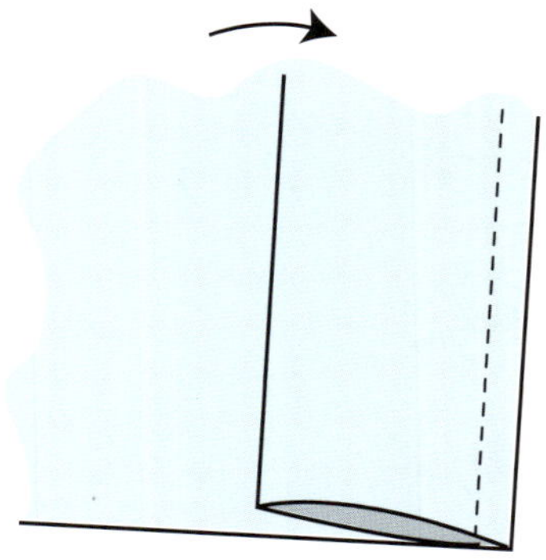

**9.** Cousez les boutons entre la boutonnière et la couture de côté pour maintenir l'élastique passé dans la ceinture dos.

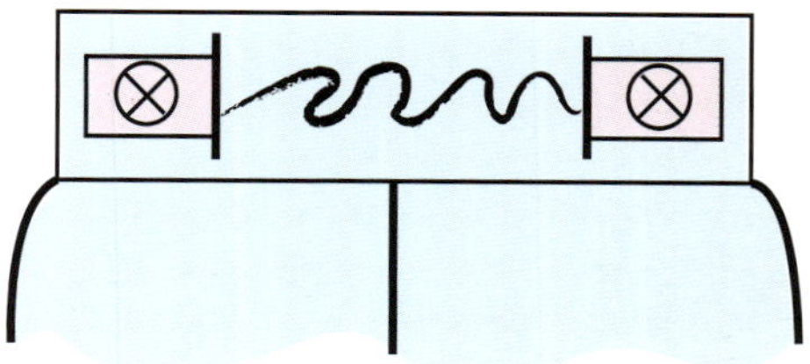

# Knickers, Genêt

**Idée**

Vous pouvez rajouter des poches plaquées au dos comme dans le modèle LAZULE (page 38).

## Fournitures

2 boutons

32 cm, 34 cm, 36 cm, 38 cm, 40 cm d'élastique perforé selon la taille

## Métrage :

65 cm, 70 cm, 75 cm, 80 cm, 90 cm x 120 - 140 cm selon la taille

## Patron :

Le patron comprend 8 pièces : 2 devants, 2 dos, 1 ceinture devant, 1 ceinture dos, 2 bracelets de jambe.

**Patron planche 3**

**Difficulté :** ★ ★ assez facile

Le grand classique intemporel.

## Comment faire :

**1.** Assemblez les deux devants par le milieu, endroit contre endroit. Piquez, surfilez les coutures ensemble. Rabattez la couture au fer sur un côté. Surpiquez à 0,1 cm sur l'endroit en prenant toutes les épaisseurs. Faites de même pour les deux dos.

**2.** Formez les plis devant en faisant correspondre les crans AA' et BB'. Rabattez les plis vers l'extérieur. Maintenez le haut des plis par un faufil.

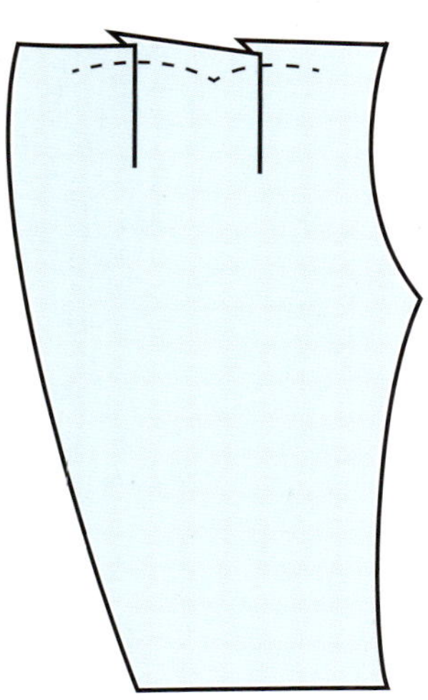

**3.** Posez la ceinture devant sur le devant, endroit contre endroit. Piquez. Rabattez la ceinture sur l'endroit. Repassez la couture vers le haut. Faites de même pour la ceinture dos.

**4.** Faites deux boutonnières verticales et centrées de 2 cm sur la ceinture dos intérieure, à 4 cm des côtés.

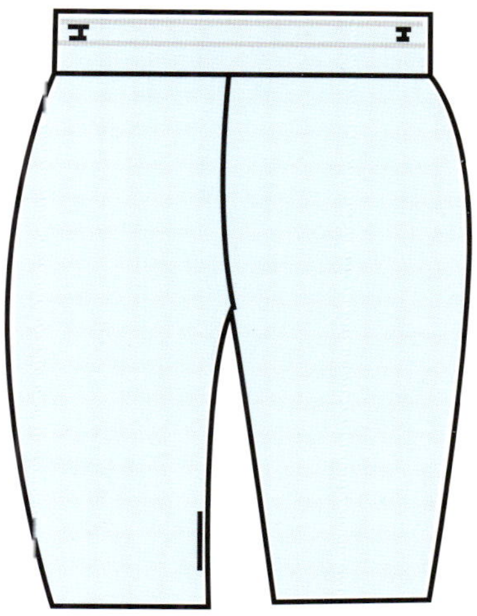

**5.** Assemblez les devants et dos, endroit contre endroit, par les coutures de côté. Piquez, surfilez les coutures ensemble.

**6.** Faites un rentré au fer de 1 cm sur le haut de la ceinture. Rabattez sur l envers. Repassez. Sur l'endroit, surpiquez à 0,1 cm tout autour.

**7.** Passez un fil de fronces au bas de chaque jambe et froncez à la dimension des bracelets de jambe. Posez le bracelet, endroit contre endroit. Piquez. Assemblez les devants et dos, endroit contre endroit, par la couture d'entrejambe. Surfilez les coutures ensemble.

**8.** Faites un rentré au fer de 1 cm au bas des bracelets de jambe et rabattez sur l'envers. Piquez sur l'endroit à 0,1 cm tout autour de chaque jambe.

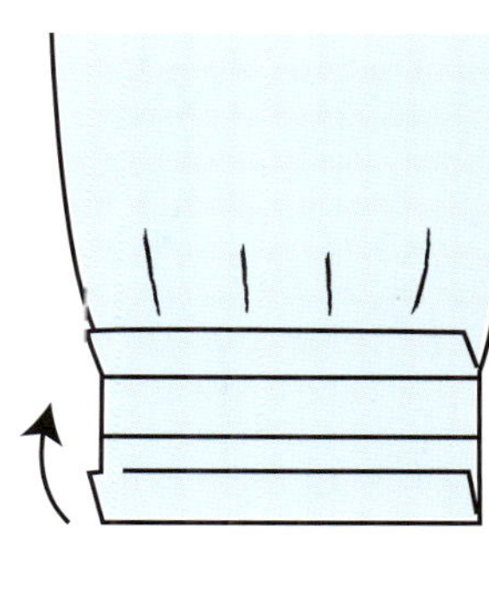

**9.** Cousez les boutons entre la boutonnière et la couture de côté pour maintenir l'élastique passé dans la ceinture dos.

# Ceinture fille, Hélianthème

## Fournitures

50 perles de rocaille

### Métrage :

60 cm de tissu pour les 2 et 4 ans
90 cm de tissu pour les 6, 8 et 10 ans x 120 - 140 cm selon la taille

15 cm d'entoilage

### Patron :

Le patron comprend 6 pièces : 1 milieu recto en tissu, 1 milieu recto en triplure, 1 milieu verso en tissu, 1 milieu verso en triplure, 2 pans de côté en tissu.

**Patron planche 1**

**Difficulté :** ★ ★ ★ difficile

L'indispensable pour donner de l'allure.

**Astuce**

Vous pouvez remplacer les perles par des boutons fantaisie.

## Comment faire :

**1.** Formez les plis au fer sur le recto en faisant correspondre les repères AA', BB', CC', DD', EE', FF'. Piquez à 0,5 cm. Repassez les plis fermés l'un contre l'autre. Entoilez sur l'envers pour maintenir les plis.

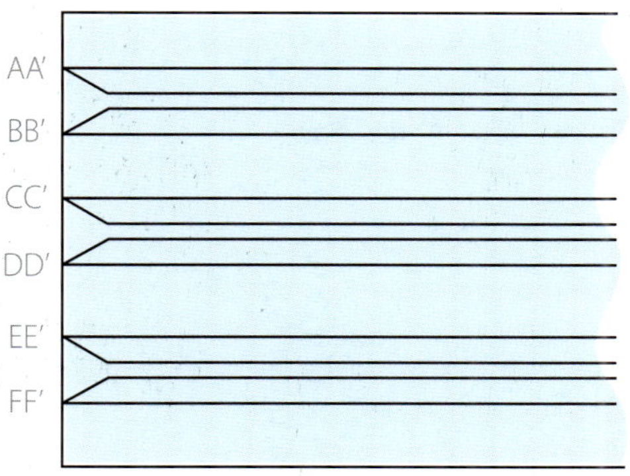


**2.** Entoilez le verso. Assemblez le recto et le verso, endroit contre endroit. Piquez le haut de la ceinture, ouvrez la couture au fer.

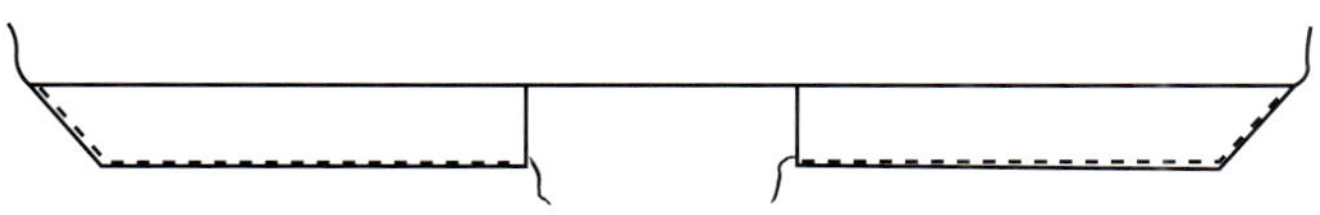

**3.** Assemblez les pans de côté au milieu devant, endroit contre endroit, en ayant soin de placer les plis rabattus l'un contre l'autre et deux à deux. Piquez.

**4.** Pliez la ceinture en deux, endroit contre endroit, dans le sens de la longueur. Piquez les extrémités et le bas de chaque pan.
Crantez, retournez, repassez.

**5.** Faites un rentré au fer de 1 cm sur le bas de la partie centrale de la ceinture. Surpiquez à 0,1 cm pour fermer l'ouverture.

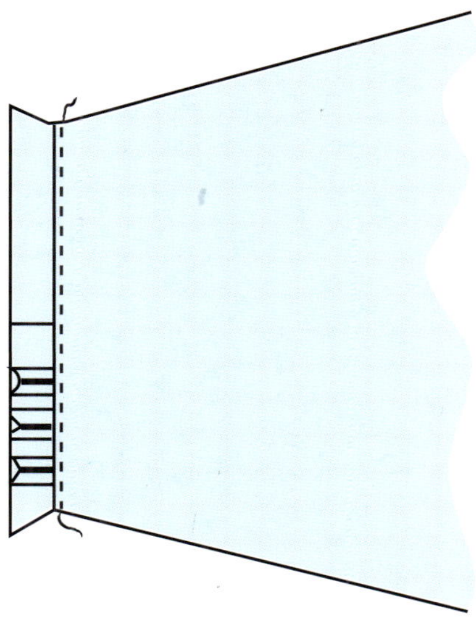

**6.** Formez le nid-d'abeilles en commençant par le milieu devant : cousez une perle de rocaille tous les 5 cm pour maintenir les plis fermés l'un contre l'autre. Ouvrez les plis au milieu de chaque intervalle ainsi créé. Maintenez le pli ouvert en le fixant au pli supérieur et inférieur par une perle de rocaille.

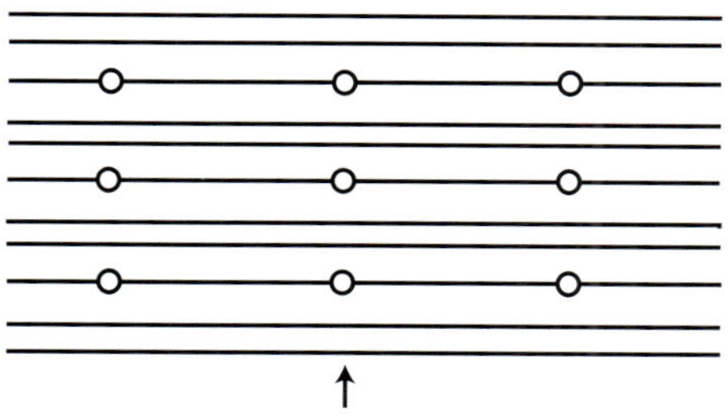

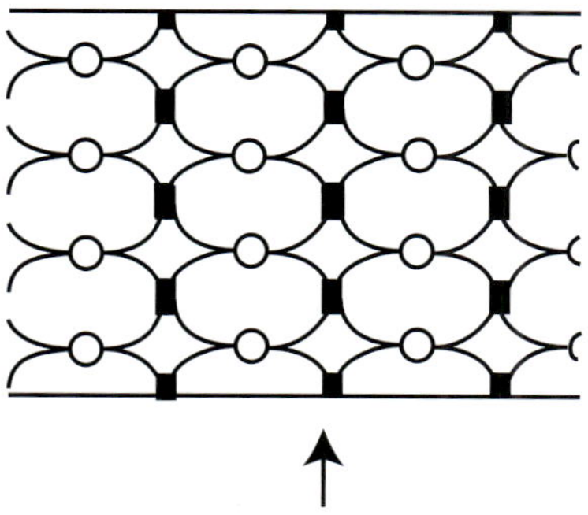

# Robe manches 3/4, Œillet

## Fournitures

1 biais de 4 X 55 cm pour l'encolure
1 bouton de 1,4 cm de diamètre
2 boutons de 1 cm de diamètre

## Métrage :

120 cm, 130 cm, 140 cm, 150 cm, 160 cm x 120 cm – 140 cm selon la taille

## Patron :

Le patron comprend 9 pièces : 1 devant, 1 dos, 2 manches, 1 parementure dos, 2 pattes de boutonnage manche, 1 bande de passants, 1 biais d'encolure.

**Patron planche 4**

**Difficulté :** ★ ★ assez facile
**Temps de réalisation :** 3 heures

**Idée**

Vous pouvez confectionner une ceinture tressée (prendre 4 fois la longueur finale désirée).

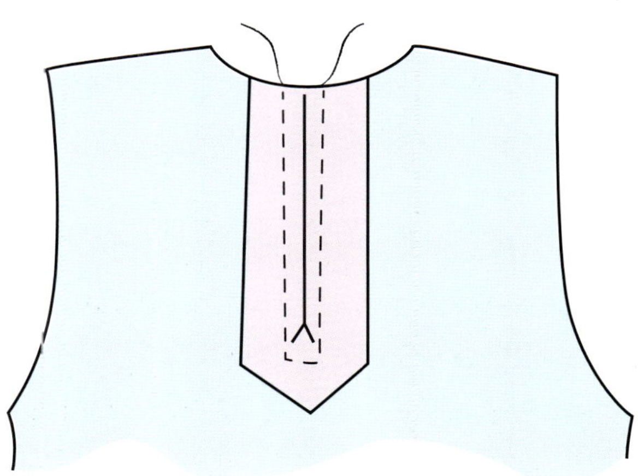

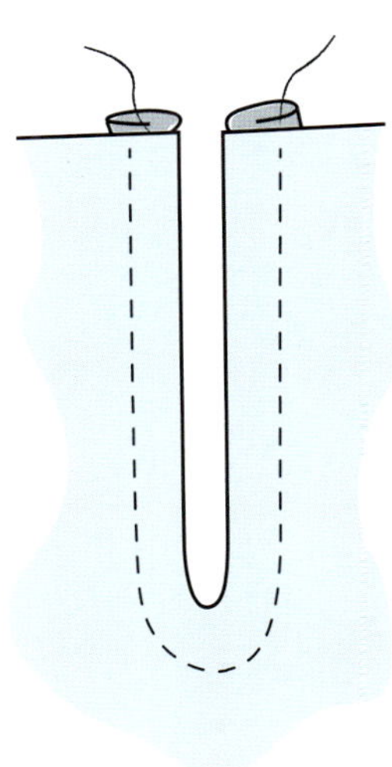

## Comment faire :

**1.** Formez les plis sur le devant de la robe en faisant correspondre les crans AA' et BB'. Rabattez les plis vers les côtés. Maintenez-les par un faufil.

**2.** Assemblez le devant au dos, endroit contre endroit, par les coutures d'épaule. Piquez. Surfilez les coutures ensemble. Rabattez la couture au fer vers l'arrière. Surpiquez à 1mm sur l'endroit.

**3.** Posez la parementure dos sur le dos, endroit contre endroit en faisant correspondre l'emplacement de la fente. Piquez à 2 mm tout autour de l'emplacement de la fente, puis coupez dans les deux épaisseurs pour former la fente du dos.
Rabattez la parementure sur l'envers en faisant un premier rabat de 0,5 cm puis un second. Repassez, faufilez pour maintenir, surpiquez à 2 mm tout autour sur l'endroit. Retirez le faufil.

# Robe manches 3/4, Œillet

4. Pliez la patte de boutonnage de manche endroit contre endroit. Piquez sur deux côtés. Retournez, repassez, surpiquez.
Placez chaque patte sur l'envers de la manche en respectant l'emplacement prévu. Piquez.
Faites une boutonnière en bas de chaque patte.

5. Assemblez les manches par la couture d'épaule, endroit contre endroit. Piquez, surfilez les coutures ensemble. Repassez. Surpiquez à 1 mm sur l'endroit.

6. Retournez la robe sur l'envers. Assemblez les côtés et les manches par une couture continue endroit contre endroit. Surfilez les coutures ensemble. Retournez, repassez.

7. Formez le biais : pliez le biais en deux dans le sens de la longueur, envers contre envers. Repassez. Ouvrez. Rabattez un côté vers l'intérieur au niveau de la pliure. Repassez-le de nouveau.

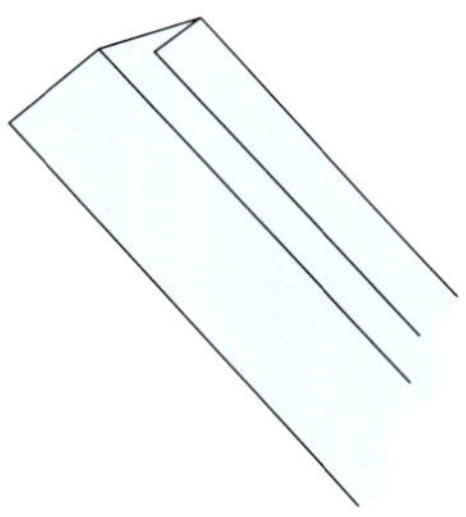

8. Posez le biais sur l'encolure en laissant dépasser 1 cm d'un côté et 4 cm de l'autre (cela servira à former la bride de boutonnage).

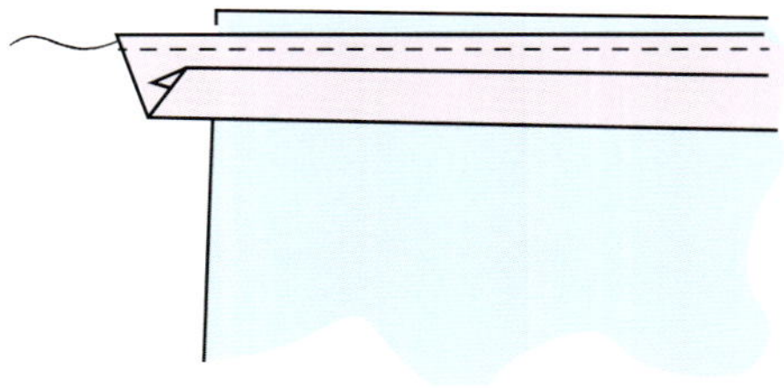

9. Piquez. Retournez le biais, endroit contre endroit. Piquez la plus petite extrémité dans le prolongement de la fente du dos.

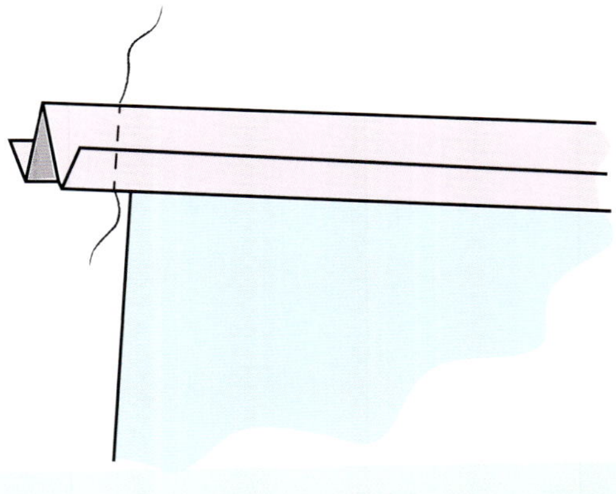

**10.** Retournez sur l'envers. Repassez. Surpiquez toutes les épaisseurs jusqu'à la fente du dos.

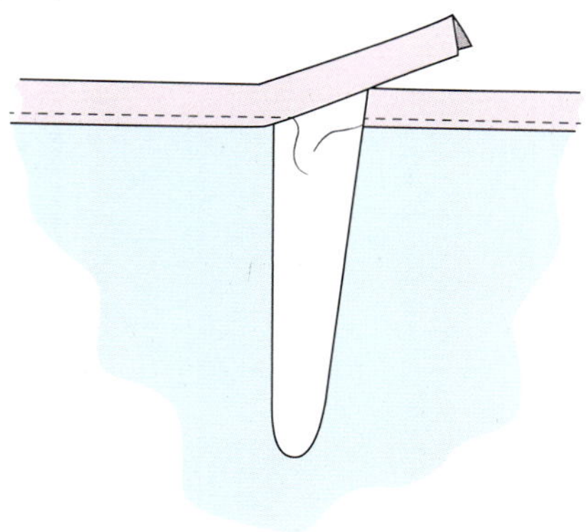

**11.** Repliez le biais restant en 2 dans le sens de la longueur. Piquez.

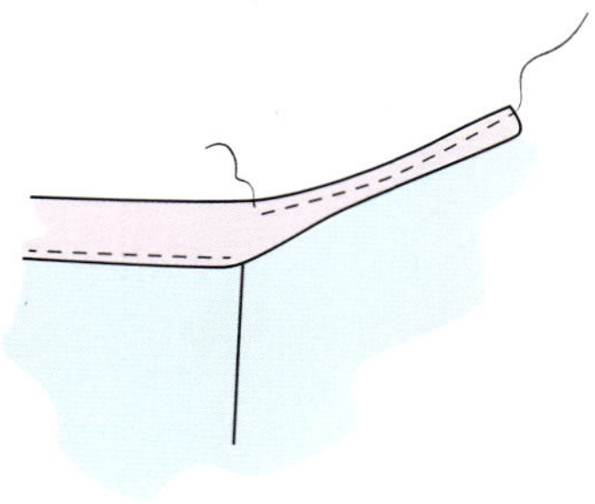

**12.** Formez la bride avec la longueur restante et fixez-la par une surpiqûre.

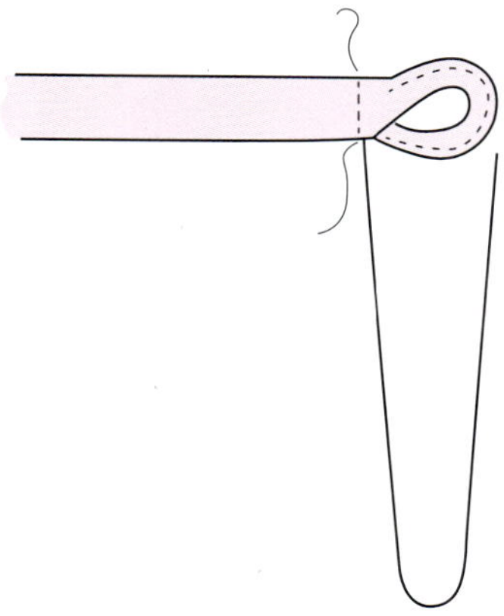

**13.** Cousez un bouton en vis-à-vis de la bride.

**14.** Sur l'endroit de chaque manche, cousez un bouton au niveau du point de fixation de la patte de boutonnage.

**15.** Faites un rentré au fer de 1 cm en bas des manches puis un second. Piquez l'ourlet.

**16.** Faites de même pour l'ourlet du bas de la robe.

**17.** Faufilez la bande de passants. Pliez-la en 3. Repassez. Surpiquez. Coupez-la en 2.
Fixez chaque passant, aux emplacements prévus sur la couture de côté par quelques points.

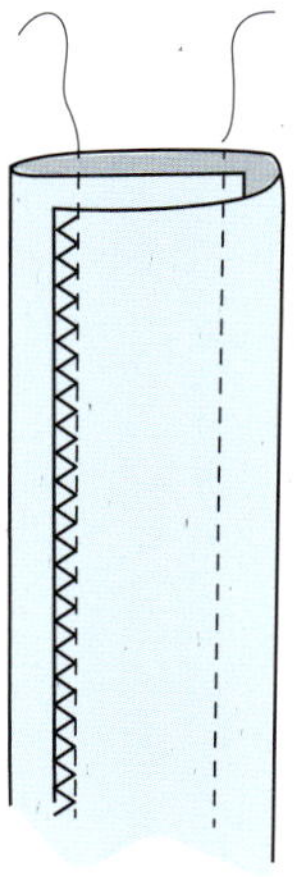

# Robe à nœud, Arum

## Fournitures

2 biais de 4 cm x 32,5 cm - 34,5 cm - 38,5 cm - 43 cm - 47 cm selon la taille

29 cm, 32 cm, 35 cm, 38 cm, 42 cm d'élastique de 5 mm selon la taille.

## Métrage :

70 cm, 75 cm, 80 cm, 85 cm, 95 cm x 120 cm– 140 cm selon la taille

## Patron :

Le patron comprend 3 pièces : 1 devant, 1 dos, 1 ruban pour le nœud (15 cm x 80 cm, 90 cm, 1 m, 1 m 10, 1 m 20 selon la taille.

**Patron planche 4**

**Difficulté :** ★ facile

**Temps de réalisation :** 2 heures

**Idée**

Vous pouvez utiliser un tissu contrasté ou plus léger pour confectionner le nœud.

## Comment faire :

**1.** Faites un rentré au fer de 0,5 cm puis un second de 1 cm sur le haut devant et dos. Piquez à 1 mm.

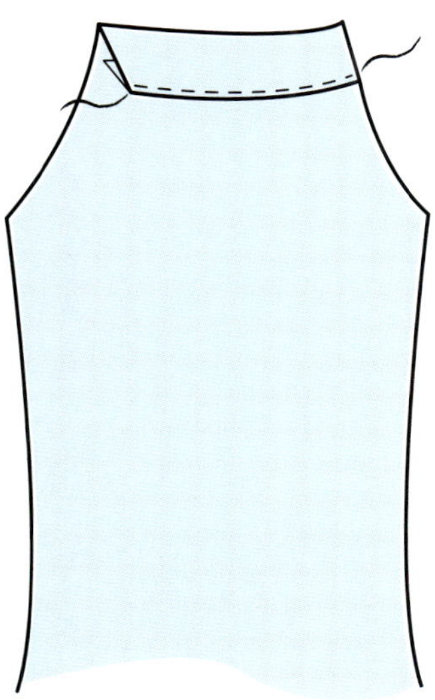

**2.** Coupez l'élastique en 2. Passez un élastique dans la couture devant et le second dans la couture dos. Maintenez les extrémités par quelques points.

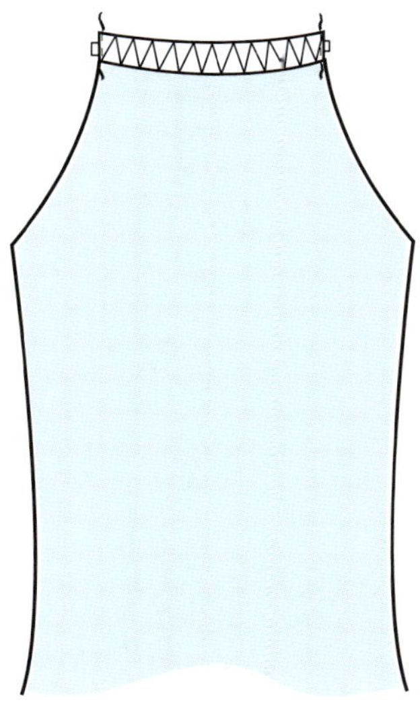

3. Formez les biais : pliez chaque biais en deux dans le sens de la longueur. Repassez. Ouvrez. Rabattez un côté vers l'intérieur au niveau de la pliure du milieu.

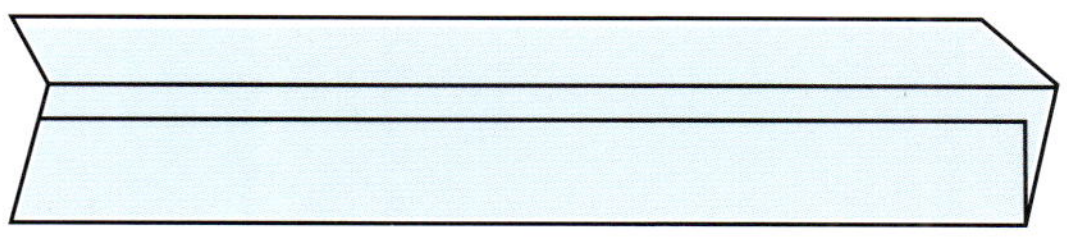

4. Posez l'extrémité d'un biais sur l'emmanchure devant, endroit contre endroit, piquez. Posez l'autre extrémité sur l'emmanchure dos, endroit contre endroit, piquez. Rabattez le biais sur l'envers. Repassez. Surpiquez sur toute la longueur du biais. Faites de même pour l'autre emmanchure.

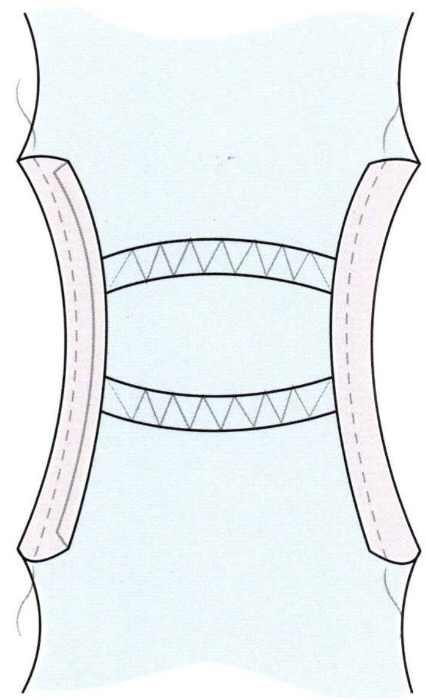

5. Assemblez les côtés endroit contre endroit. Piquez. Surfilez les coutures ensemble.

6. Faites un rentré au fer de 0,5 cm puis un second de 1 cm au bas de la robe. Cousez l'ourlet à points coulés ou surpiquez.

7. Pour le nœud : coupez les extrémités du ruban en biais.

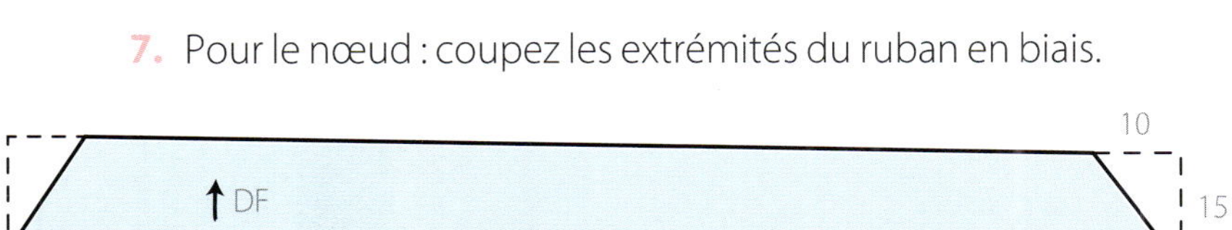


80 cm - 90 cm - 1 m - 1 m 10 - 1 m 20

8. Faites un premier rentré au fer de 0,5 cm tout autour du ruban, puis un second. Surpiquez pour maintenir l'ourlet.

9. Formez un gros nœud de rosette de la largeur du devant de la robe.

10. Fixez-le par quelques points au niveau des bretelles et du centre pour le maintenir.

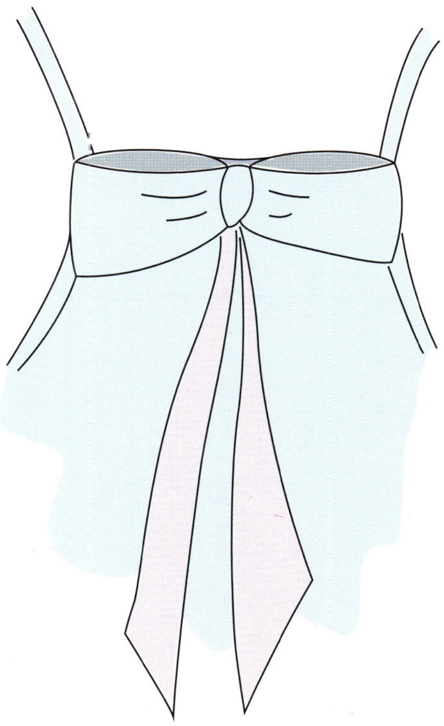

# Les conseils de l'auteur

En couture, il suffit d'un peu de patience et de beaucoup de méthode.

Par conséquent, procédez point par point :

## La préparation

Choisissez votre modèle et lisez jusqu'au bout la marche à suivre.

Quel que soit le modèle que vous souhaitez réaliser, portez toujours une attention particulière à la qualité des matières et des tissus utilisés pour confectionner vos vêtements. Le rendu d'un modèle peut être totalement différent selon que vous utiliserez une cotonnade légère à l'aspect souple et aérien ou une toile plus épaisse, donc plus lourde, mais avec davantage de tenue.

Recopiez toutes les pièces du patron par transparence avec du papier de soie ou photocopiez les petites pièces (cols, poches). Annotez-les de toutes les informations nécessaires (repères, plis, taille...).

## La coupe

Les valeurs des coutures sont comprises dans les patrons et se font à 1 cm du bord.

Pliez votre tissu en double et disposez les différentes pièces du patron. Les pièces ayant un « milieu sans couture » se posent sur la pliure du tissu.

Épinglez et découpez toutes les pièces en prenant le tissu dans le même sens, notamment pour les velours ou les motifs. Vous pouvez également suivre le droit fil.

Prenez soin de marquer les milieux et les repères qui serviront à assembler les morceaux.

Repassez soigneusement toutes les pièces du patron.

## L'assemblage

Respectez l'assemblage des pièces selon l'ordre défini. Vous pouvez faufiler votre travail ou plus simplement épingler les morceaux avant de piquer. Dans ce cas, placez les épingles perpendiculairement à la couture pour que l'aiguille glisse d'un côté ou de l'autre de l'épingle sans entraver la bonne marche de votre machine.

### À savoir

**Je recommande et insiste sur le repassage à chaque étape de l'assemblage, le travail est largement facilité et rendu plus précis, notamment pour les ourlets et les surpiqûres sur l'endroit. Le résultat n'en est que plus soigné.**

## Les finitions

Ourlets, boutons, boutonnières achèvent votre ouvrage. Cette dernière étape demande encore plus d'application. Aussi, n'hésitez pas à interrompre votre travail par une pause de quelques heures, voire de quelques jours.

## Créez vos modèles

À la suite, vous pourrez également personnaliser vos créations en ajoutant des détails spécifiques (boutons fantaisie, broderies, appliqués, nœuds, rubans, volants, croquets, perles, surpiqûres contrastées...).

En laissant libre cours à votre imagination et à votre composition personnelle, vous pourrez transformer ces modèles de base, aux inspirations classiques, en pièces uniques, pour habiller vos enfants de vos propres créations quelles que soient les circonstances.

# Glossaire

**Bâtir :** assembler à grands points deux pièces de tissu.

**Cranter :** entailler le tissu pour lui permettre de s'étirer.

**Droit-fil :** sens de la trame du tissu.

**Faufiler :** coudre provisoirement à longs points.

**Froncer :** réaliser une suite de points avant bien réguliers en ligne droite. Les fronces peuvent également être effectuées à la machine.

**Maintenir :** fixer une pièce de tissu, un élastique... dans une position de façon provisoire.

**Piquer :** coudre des morceaux de tissu ensemble à la machine ou à la main.

**Point coulé :** piqûre invisible faite à la main et généralement utilisée pour les ourlets. Faire un point sur le repli de l'ourlet, puis un point dans l'envers du tissu en ne piquant qu'un fil de trame et en laissant le fil relativement lâche.

**Rabattre :** ramener le tissu sur l'endroit ou sur l'envers autour d'une ligne de pliure.

**Rentrer au fer :** replier le tissu sur l'envers à l'aide du fer à repasser.

**Surfiler ou surjeter :** faire des points à cheval sur le bord du tissu pour éviter qu'il ne s'effiloche.

**Surpiquer :** faire une piqûre apparente sur l'endroit du tissu.

# Tableau de mesure

| Âge | Stature en cm | Tour de poitrine | Tour de taille | Tour de bassin |
|---|---|---|---|---|
| 2 | 86 | 52 | 48 | 56 |
| 4 | 102 | 56 | 52 | 60 |
| 6 | 114 | 60 | 54 | 66 |
| 8 | 126 | 64 | 56 | 70 |
| 10 | 138 | 70 | 58 | 76 |

# Carnet d'adresses

Mail de l'auteur :

sdeluzan@creapassions.com

Le blog des piquées de couture de Sophie de Luzan :

http://sophieaddict.canalblog.com

**Diffus' laine tissus**

Rue Surcouf Herbins - 44600 Saint-Nazaire

5, rue Robert Schuman - 33170 Gradignan

**La Droguerie**

9 - 11, rue du Jour - Paris 1er

Nantes, Lille, Strasbourg, Lyon, Nice, Marseille, Toulouse, Bordeaux, Rennes

**L'Entrée des Fournisseurs**

8, rue des Francs Bourgeois - Paris 3e

**Le Marché Saint-Pierre**

2, rue Charles Nodier - Paris 18e

www.marchesaintpierre.com

**Liberty**

www.liberty.co.uk

**Biotissus**

www.biotissus.com

**Mondial tissu**

Paris, Lyon, Bordeaux, Montpellier, Nantes

www.mondialtissus.com

**Motif personnel**

www.motifpersonnel.com

**Les trouvailles d'Amandine**

www.lestrouvaillesdamandine .com

**Tissus - Myrtille**

Rennes, Nantes, Angers, Vannes, Lorient, Quimper

**Tissus Reine**

3-5, place Saint Pierre - Paris 18e

**Toto**

Partout en France

www.toto.fr

**1001 galons**

www.1001galons.com

CreaPassions.com

the place to be !

Le site des loisirs créatifs

Retrouvez-nous sur facebook !

Imprimé en U.E.

Dépôt légal septembre 2016